U0449545

富足人生指南

用十年时间实现富而喜悦

兰启昌 著

电子工业出版社
Publishing House of Electronics Industry
北京·BEIJING

未经许可，不得以任何方式复制或抄袭本书之部分或全部内容。
版权所有，侵权必究。

图书在版编目（CIP）数据

富足人生指南：用十年时间实现富而喜悦 / 兰启昌著. -- 北京：电子工业出版社, 2024.11. -- ISBN 978-7-121-49188-7

Ⅰ. F275-49

中国国家版本馆CIP数据核字第2024K455V9号

责任编辑：张月萍
文字编辑：孙奇俏
印　　刷：中国电影出版社印刷厂
装　　订：中国电影出版社印刷厂
出版发行：电子工业出版社
　　　　　北京市海淀区万寿路173信箱　　邮编：100036
开　　本：880×1230　1/32　　印张：8.5　　字数：244.8千字
版　　次：2024年11月第1版
印　　次：2025年4月第4次印刷
定　　价：78.00元

凡所购买电子工业出版社图书有缺损问题，请向购买书店调换。若书店售缺，请与本社发行部联系，联系及邮购电话：（010）88254888，88258888。

质量投诉请发邮件至zlts@phei.com.cn，盗版侵权举报请发邮件至dbqq@phei.com.cn。

本书咨询联系方式：faq@phei.com.cn。

推荐序

回想起来，从我最初认识启昌，到现在也有十年了。

在这十年里，我们有很多缘分，也有很多交流。

最初结识，是因为我们都是某平台上的认证专家，都在彼此擅长的领域给其他人提供一些咨询和帮助；我创业时，曾经想过邀请他加入我的团队，为此还与他深聊过很多次；他在决定离开北京南下深圳定居时，曾找我深聊过；他后来离开腾讯，开启"小而美"独立创业之路时，我们之间也有很多交流和启发。

十年时间，我们都见证了彼此很大的变化。

十年前，启昌还是一个名校毕业、名企工作的精英白领。

现在，他已经是一个独立的投资理财专家，也借由投资理财改变了自己的人生轨迹和走势。

但是，启昌又跟很多其他的"投资理财专家"不一样。

我们私下交流过很多次，他也多次提到，其实最早涉足投资理财是源于他自己和"财富"的关系不顺畅，且想要追求一种更理想的生活，于是他开始花时间了解财富的运行规律，也慢慢在实践中获得了更多的正反馈，改变了自己的心智模式。

我和启昌都是出身普通家庭的孩子，从小到大就没有对

"钱"和"财富"有过系统性的认知。甚至，在我个人的成长经历里，很长一段时间我看待"钱"都有一种回避心理——因为我的成长环境和经历告诉我，钱好像不是什么好东西。启昌也有类似的经历——他多次提到，受到成长环境的影响，自己在很长一段时间里对"钱"是存在极大的匮乏和恐惧心理的。

但我们后来都经历了一些"见自己、见天地"的过程，借由创业、进入知名企业、参与一些重大项目等，看到了更大的世界，也更深刻地了解了自己，了解了"钱"是怎么回事。

正因为有这样的经历，才有了启昌在看待投资理财上的一些不一样。

很多人聊投资理财，关注的是"赚钱"，但是在启昌心中，聊这件事是为了改善一个人看待"财富"的视角，最终让一个人能过得更好，拥有更加富足的生活状态。

这也成了这本《富足人生指南》的源起。

在这本书里，启昌想要以自己为样本，跟大家聊一聊，一个从小并不了解财富、不知道赚钱是怎么回事的人，究竟如何改善自己跟钱的关系，如何让自己成为一项持续增值的资产，以及如何过上内心富足的生活。

在我看来，这本书有几个殊为可贵的特点。

第一，启昌分享的所有内容，都是他自己实践且验证过的，而非"认知"或"道理"。

第二，会清晰地聊到"钱"是什么，但同时会清晰地告诉大家，钱是工具，而非目的。

第三，会立足于"人"的成长来聊，探讨一个人怎么改善自己跟钱的关系，让钱为自己服务，而不是终其一生都在追逐钱，总是充满焦虑。

第四，最终的目的是让一个人的生活和生命状态长期"富足"。

最后，启昌也许不是什么赫赫有名的专家或大V，但特别可贵的是，他极度真诚和坦率，而这本书跟他的为人一模一样。

在很多人都特别容易焦虑的当下，在各种"理财宝典""致富秘籍"满天飞的当下，在很多人虽然能挣到钱但不知道如何让自己过上想要的生活的当下，这样充满了真诚和"清流"感的一本书，值得你反复阅读。

"财富"在很多时候就是一面镜子，可以让人更好地看清自己。这本聊"财富"的书，也许也有这样的功效。

希望你能从这本书里看到更多的希望，也能更好地看清自己，找到自己想要的生活，然后一点点靠近它。

黄有璨

连续创业者、高分畅销书作者

2024年10月29日

序

你体验过"贫穷"的滋味吗?

在20岁之前,我反复体验。

我在江西上饶的农村长大,家附近都是大山。7岁时,父母为了挣钱外出工作,我成了"留守儿童",只有每年过春节时,父母才回来。

那时,村里没有图书馆,我如饥似渴地阅读着每一本我能找到的书,甚至连产品说明书也不放过。

去县城上初中时,鞋子穿破了,我想买双新的,但在商场转了一下午,也没舍得买。

后来,我通过了复旦大学的自主招生考试,来到上海上大学。开学时,很多同学都是全家人齐上阵,而我是和高中同学一起来的。

从偏远的小城到繁华的上海,我感受到了金钱的冲击,也害怕毕业以后没办法在大城市立足,所以我决心要让自己变得更富有一点儿。

于是,在20~30岁这十年里,围绕着"创富"这个目标,我做了四件事。

第一，让自己变得更"值钱"，从而吸引更多好运。

一个人的认知、技能、社交网络，是他身上最值钱的资本。

在复旦大学的四年里，我每年阅读超过100本书，涉及经济学、社会学、历史、哲学等领域，这些领域知识构成了我的认知基本盘，成了我人生中最重要的财富源泉。从2009年开始，我就不断地在网上写作。写作锻炼了我的思考能力和表达能力，也为我积累了很多朋友的信任，通过"被动社交"扩大了自己的社交网络。

人若无名，专心练剑。做好自己，是最重要的投资。

第二，努力去"挣钱"，高效积累第一桶金。

不论一个人有多高的文凭、多大的才华，都需要通过工作来体现自己的商业价值。工作有两个底层目的，一个是挣钱，一个是让自己开心。

要挣钱，既需要内在实力的积累，又需要借助外在势能乘风而上。从挣钱的角度来说，要不断校准方向，选择好行业、好公司、好位置。

从复旦大学毕业以后，我先在国内顶尖的财经媒体工作，然后加入特斯拉中国，成为第一批员工，后来又到腾讯做产品运营相关的工作。每一份选择的背后，都包含着我对趋势的思考。对职场人来说，不仅要埋头干活，更要抬头看天。

第三，明智地"存钱"，尽快滚动财富雪球。

有人说，钱是赚出来的，不是省出来的。说这句话的人，真是"站着说话不腰疼"。

如果你曾经像我一样，举目无亲地来到大城市，那么你就会体会到，存钱对于生存来说是第一要紧的事。

存钱，听上去不"性感"，但非常有必要。很多年入百万的职场高管虽过得不是很开心，但也不敢轻易辞职，主要是因为消费过多，没存下什么钱。

消费主义是21世纪最大的陷阱。如果你能摆脱它，那么你就离富人圈更近了一步。

第四，聪明地"赚钱"，通过投资让钱生钱。

中国文化，博大精深。

挣钱的"挣"，偏旁是"手"，手象征着劳动，所以挣钱是指靠上班、劳动获得财富，更偏向于主动收入。

赚钱的"赚"，偏旁是"贝"，贝壳象征金钱，所以赚钱是指用钱生钱，通俗来说就是通过投资理财来获得财富增值，更偏向于被动收入。

很多人一辈子只知道挣钱，而不懂得赚钱，所以他们忙忙碌碌，无法停歇。

我曾经对投资赚钱很无感，后来我意识到——投资是人生的必修课，不论你是否喜欢。因为时间就是生命，如果能学会投资，那么就能减少靠劳动挣钱的时间，从而让自己过上更自由的生活。简单来说，学会投资就能改变命运。

另外，不是因为有很多钱才需要学习管理财富，而是因为学习管理财富才会有很多钱。

从2016年开始，我每年至少花300小时阅读投资类图书，学习投资类课程，在各个投资市场进行实践。2021年，我把自己学习和实践投资的方法论写成了一本书——《我们终将变富》，这本书先后获得京东金融类图书榜单、亚马逊金融类图书榜单的第一名，还曾登上过微信读书全站新书榜第一名。

值钱、挣钱、存钱、赚钱这四件事，构成了一个彼此支持、相互增强的"财务富足飞轮"。每一个环节的微小进步，都会带动整个飞轮的快速运转。

对于这四件事，如果每一件事都能提升20%效能，那么整体的财富结果就会变成原来的207%（$1.2 \times 1.2 \times 1.2 \times 1.2 \approx 2.07$）。

因为持续做这四件事，我彻底改变了自己的财富状态。毕业十年间，我的年收入增长了几十倍。但是，我发现了一个新问题：当我摆脱贫穷以后，我并没有自动变得更幸福。

2020年冬天，我还在腾讯上班。有一次去武汉出差，某天晚上，因为一项在我看来意义不大的工作，我熬夜到凌晨4点，头晕脑胀，第二天早上6点起床继续干活。这让我突然意识到，如果我不能把时间花在美好的事物上，那么挣钱就是一件没有意义的事。

不仅上班族会遇到这个问题，顶级富人也如此。

在职场工作的时候，我接触过一些企业家，他们身价数十亿元，甚至数百亿元。但是，他们中的很多人对自己的状态并不满意，要么为公司发展疲于奔命，要么觉得此刻的生活并不是自己真正想要的。

金钱是一场游戏，但人们容易忽略这一点。

在我们宝贵的一生中，财富只是工具，幸福才是目的。财富是一座通向幸福彼岸的桥，没有人想永远停留在桥上。当财富达到适当的水平时，你应该转过身去，追求人生真正重要的事。

人生中最重要的事，便是接纳自己、发现自己、成就自己。当自己充分绽放以后，你会获得成就感与价值感，并且想要推动世界，让世界变得更好一点。

在这个过程中，外在的财富、他人的评价越来越不重要，你真正在乎的，是你的内心。

因此，我开启了一次新的探索，我希望实现心灵的富足，获得真正的幸福。于是，接下来我做了四件新的事。

第一，学会"感恩"，让幸福源源不断。

感恩是一件有无穷魔力的事，当你在感恩时，你会发现自己很富足、很勇敢。感恩是一种给予，"施"比"受"更有福。

我每天早起写日记，感恩家人和朋友；走路的时候，我会感恩茂密的树林和青草；临睡前，我会感恩这丰富且充实的一天。

第二，练习"平静"，让内心回归安宁。

我们每一天都会遭遇各种挑战，我们会难受、愤怒、恐惧……

不论你挣多少钱，都没法改变这个事实。对很多人来说，挣钱越多，恐惧越大，因为可以失去的东西更多了。

解决内心冲突的方法，不是埋头工作挣更多钱，而是修炼心性，让自己具备随时让内心回归安宁的能力。

第三，追寻"热爱"，把喜欢的事情当饭吃。

如果我们来到世界上只是为了谋生，那么人生就是一场苦役。想要活得更富足，就要发掘自己的热爱，放大自己的优势，为这个世界创造独特的价值。

2021年3月，我从腾讯离职，在摸索半年以后，我开启了自己的"小而美"创业之路。

我成立了"财富私董会"，为中高净值家庭提供财富管理方面的课程和咨询，支持他们实现财富稳健增长。

从一开始，我就没想着把规模做得多大，我的目标是和喜欢的人在一起，做喜欢的事情。所以，"财富私董会"有两个特色：

一是，加入前需要面试，我希望和真诚、积极、践行长期主义的朋友同行，共同创造一个同心同频、共同成长的社群；

二是，用户加入之后，一个月内可以无理由申请退款，我用对待朋友的方式对待用户，希望大家是因为喜欢而留下来。

这样的轻创业，和我之前参与的融资数亿元的创业项目完全不同。轻创业，商业天花板肉眼可见，但我能感受到专注、热爱与自在。对于我的轻创业项目，其中有一个数据让我很开心——私董会续费率达到了90%。

第四，修行"正念"，让此时此刻成为一座花园。

最近这几年，因为世界形势的变化，很多人比以前更焦虑了。想要挣脱焦虑，最重要的是回归本心，全然地活在当下，感受此时此刻的美好。

我们总以为别处有更美好的生活，但是，人生没有别处，此时此刻是我们唯一能把握的存在。

沉浸、正念的时刻多一些，生活就更美好一些。

感恩、平静、热爱、正念，这四个关键词组成了"心灵富足飞轮"。它们会相互促进，让我们的心灵越来越满足，笑容越来越多。

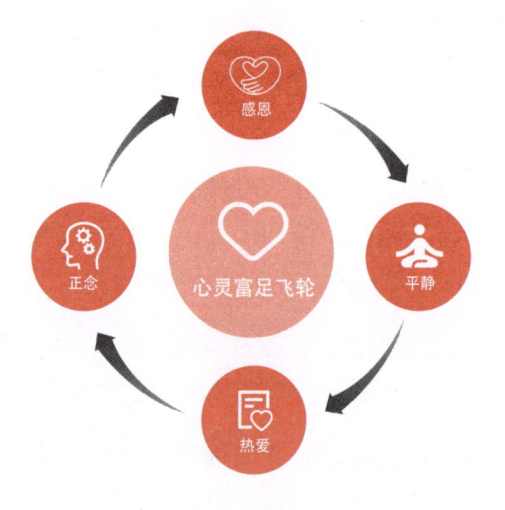

如果每一天，我们都能花一些时间浇灌心灵，关怀、呵护和滋养它，那么我们就会越来越幸福。

当我不断精进以上四件事后，我感受到人生整体状态的巨大变化。

在自己20岁生日的时候，我写下这样一段话——无论时代如何，我希望自己能成为一个内心富足、精神自由、身有长物的人，值得被爱也能勇敢给予，对世界的美好与软弱永不失去感知能力。

十几年过去了，我庆幸自己一直走在这条路上。在这本书里，我全方位地分享了自己的探索与行动，希望它们对你有启发。

我期待着你从本书中汲取一些有用的内容，并将其应用到工作和生活中，不疾不徐地努力，日拱一卒地精进，打通"财务富足飞轮"和"心灵富足飞轮"，创造富足、自由、幸福的人生。

如果你觉得本书对你有用，欢迎将它推荐给家人和朋友。人生中最幸福的事，就是和喜欢的人一起慢慢变富。

目录

第1章
创造富足自由的一生

1.1 放弃"财务自由",追求"财务富足"   4
1.2 把每一分钟都当作礼物   19
1.3 打造富足飞轮,彻底改变人生   28

第2章
值钱飞轮:培养自己的"吸金体质"

2.1 培养"技能树",让自己越来越强大   55
2.2 培养"高效能",让自己的潜力最大化   73
2.3 打造社交网络,积累关键资产   81
    2.3.1 打破社交网络的三大误区   83
    2.3.2 打造社交网络的关键方法   89

第3章
挣钱飞轮:高效积累第一桶金

3.1 选择好行业,锚定"大早高"   100
3.2 选择好公司:护城河+企业文化   114
3.3 选对好位置:让职场前景更光明   120

第4章
存钱飞轮：滚起第一个财富雪球

4.1　管理风险，为家庭财富系上"安全带"　　136
4.2　管理消费，从"有钱"到"富有"　　151

第5章
赚钱飞轮：让金钱自动为你工作

5.1　投资不容易，却是家庭必修课　　167
5.2　守住能力圈，先胜而后求战　　169
5.3　穿越周期，让财富上一层台阶　　179
5.4　做好资产配置，让财富稳健增长　　187

第6章
心灵富足是最终的彼岸

6.1　感恩，创造幸福的魔法　　214
6.2　平静：最好的人生状态　　217
6.3　热爱：把喜欢的事情当饭吃　　228
6.4　正念：此时此刻是我们真正的家　　241

富足人生锦囊　　248
富足人生盟友团　　250
致谢　　254

富足人生指南

财富只是工具，

幸福才是目的。

第1章

创造富足自由的一生

> 如果你想造一艘船，先不要雇人收集木头，也不要给人分配任务，而是要激发他们对海洋的渴望。
>
> ——安托万·德·圣-埃克苏佩里

你想要过怎样的人生？

面对这个问题，你的大脑中冒出来的第一个答案可能是——成功的。不过，成功到底意味着什么？是有钱吗？是有权力吗？是有很多朋友吗？还是有很多空闲的时间？

人生目标是什么，这个问题很重要，它值得我们花很多时间去探索，因为生命只有一次。有一位古代哲人说，如果你不知道船要驶向哪里，那么所有的风都是逆风。

对于这个问题，即便你当下没有答案，也不用着急，因为大多数人都是这样的。我相信，读完这本书，你会对这个问题产生新的看法。

在人生早期，你对这个问题的看法主要取决于你所处的社会环境。

小时候，我在一个偏远的山村长大，当时我对理想人生的所有想象，就是离开大山，去一个繁华的都市。至于其他画面，我根本没有想象力去承载。

曾经有一段时间，我想成为一个诗人，获得诺贝尔奖，但当我努力了两个月以后，我发现自己明显缺乏诗词方面的天赋，于是就放弃了这个想法。上了中学，应试压力变大，不论是家长、老师，还是同学，所有人的大脑中几乎就只剩下一件事——考上好大学。

特别是对我们这样家庭环境的人来说，要么考上大学，要么进厂打工。等到我考上复旦大学来到上海后，长久的目标好像已经实现了。有一段时间，我突然就感觉生活失去了方向。但这个时候，新的问题又来了，大家又在忙着实习，忙着社会实践，期盼着毕业后找一份好工作。

你有没有发现，每个人的身上仿佛都安着一个社会时钟。到了某个年龄，这个时钟就会告诉我们该去做什么事。

好好学习，取得好成绩，上个好大学，努力找工作，升职加薪，结婚生子……这是社会赋予我们的人生目标，但它们都是我们真正想要的吗？

我们经常说"人生来不同"，既然大家都不一样，我们又怎么可能用同一套标准来设计自己的人生呢？

你是不是也和我一样产生过类似的困惑？

即使你走在一条外人认为光鲜的道路上，但在午夜梦回之际，你仍然知道那不是你真正想要的东西。

这个困惑，我从大学时就有了，一直持续到工作后，持续了将近十年时间。到今天，我能越来越清晰地看到这个问题的答案，这也是这本书诞生的缘由。

我相信，每个人具体的人生目标应当是完全个性化的。因为每个人的天赋、才能、经历都不一样，我们不可能把一个模子套在所有人身上。

以前我对这个道理的感受没有那么真切，但现在我有了一个女儿，也有了更多深刻的感受。当她和小朋友一起玩的时候，很明显可以看到，虽然大家年纪都差不多，但在个性天赋方面已经有所分化。有些小朋友天生外向，喜欢和大家互动，有些小朋友喜欢安静地坐在角落里玩自己的玩具。

所以，这本书不是要告诉你应该做哪项工作、进入哪个行业，而是在你困惑、迷茫的时候，在你思考人生的时候，帮你看清规律，帮你发掘人生最重要的东西。

经过了人生三十多年的探索，我学习了大量心理学、历史学和商业投资相关的书籍，从小镇青年到腾讯、特斯拉这样的名企的职员，再到自己创业的创业者。**我发现，对90%的人来说，值得追求的人生方向无非八个字——财务富足，心灵富足。**

这八个字标记了人生的主航道，让你知道船该驶向何方。在这条主航道上，有许多风景各异的岛屿等着你去发现，你可以根据自己的特点找到最终安定的地方。

1.1　放弃"财务自由"，追求"财务富足"

这些年，"财务自由"这个词非常火，我自己也写过很多相关内容。

财务自由的定义是：当你的被动收入超过生活开支的时候，你就获得了自由，可以靠被动收入去生活。

被动收入一般包含金融投资收益、房产出租收益，以及图书等作品产生的创作收益。

中国重点城市房产的租售比相对于国际标准来说较低，所以房产出租收益也相对较低。根据上海易居研究所2020年发布的

《全球80城租金收益率研究报告》，全球80个主要城市的平均租金收益率为4.2%，但中国大城市的平均租金收益率整体偏低，深圳为1.3%，广州为1.5%，杭州为1.5%。从各大洲来看，亚洲的平均租金收益率也偏低。

2020年各大洲城市租金收益率平均值

大洲	租金收益率
北美洲	约6.5%
非洲	约5.5%
南美洲	约4.5%
大洋洲	约4%
欧洲	约4%
亚洲	约3%

数据来源：NUMBEO 网站，易居研究所

而写书、做课程，虽然是一个可行的创造被动收入的方法，但需要的时间周期比较长。

因此，对大多数人来说，一提起被动收入，就把它和金融投资收益等同起来了。

但当我给近万名学员上过课，帮上百个高净值家庭做过咨询以后，我发现，追求"财务自由"在现实生活中会遇到三大问题。

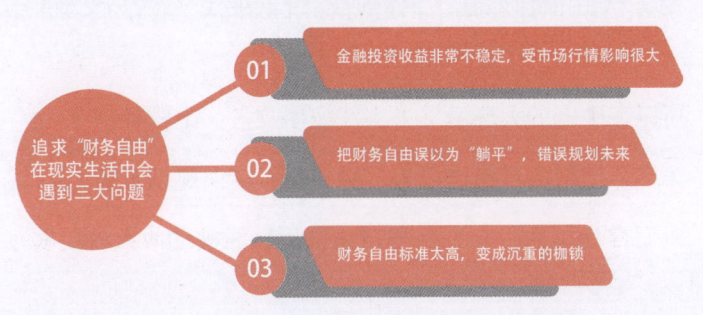

追求"财务自由"在现实生活中会遇到三大问题：

01 金融投资收益非常不稳定，受市场行情影响很大

02 把财务自由误以为"躺平"，错误规划未来

03 财务自由标准太高，变成沉重的枷锁

第一，金融投资收益非常不稳定，受市场行情影响很大。

如果完全按照被动收入的概念来行动，那么每年都要从投资账户中取出一笔钱用来生活。但实际上，这不太可行。比如市场连续2~3年下跌，那么这时候卖掉资产去换生活费是一种很不可取的方式。因为这个时候是熊市，卖掉资产等于打折出售，非常不划算。

追本溯源的话，财务自由、被动收入这些概念主要源于美国，在过去十年开始大范围流行。

这背后有一个背景，就是美股市场比较成熟，牛市长、熊市短，特别是在过去这十几年里，美股总体以长期上涨的牛市为主。对于身处美股市场中的人来说，每年从投资账户中"提款"，是可行的方法。

但中国的情况完全不同，我们的资本市场才发展了30多年，有时候波动很大，不能完全照搬美国的做法。

比如2020年年初，市场出现了非常狂热的上涨势头，如果你在那个时候规划财务自由，预测未来每年可以提取一笔钱来做生活开支的话，那么你的心态会很乐观。

但是，接下来两三年，市场出现长期下跌，一方面资产在缩水，另一方面你还要从中提取资金用来生活，你的心态肯定不好。

所以在中国的大环境下去实践被动收入，比较难。

第二，把财务自由误以为"躺平"，错误规划未来。

人们容易以为，实现财务自由以后，靠被动收入就足够了，就可以"躺平"了。

其实这是对"理想生活"的一种错误想象。

实际上，如果你做对选择，那么工作本身就是快乐的重要来源之一，就像巴菲特所说的"跳着踢踏舞去上班"。因为投资是巴菲特爱做的事，所以每一个清晨，他都兴高采烈。

我遇到过一些身价过亿的企业家，他们完全可以不再工作，但依然每天都安排很多事情，主要因为这些事情是他们自己的主动选择。

相反，你有没有见过这样的老人：本来精神非常好，可一旦退休，不用工作，便一下子失去了和现实生活的连接，于是价值感急剧缺失，一下子就衰老了。

所以，我们需要在三四十岁的时候就发展自己的终身事业。该事业不以赚钱最大化为目标，而是结合了自己的兴趣、擅长和市场需求。它不需要太过高强度的劳动，而是强调可以细水长流地坚持很多年。一旦有了终身事业，那么等你六七十岁的时候你依然有事干，你能感受到社会仍然需要你，你会一直活在热情洋溢的人生状态里。

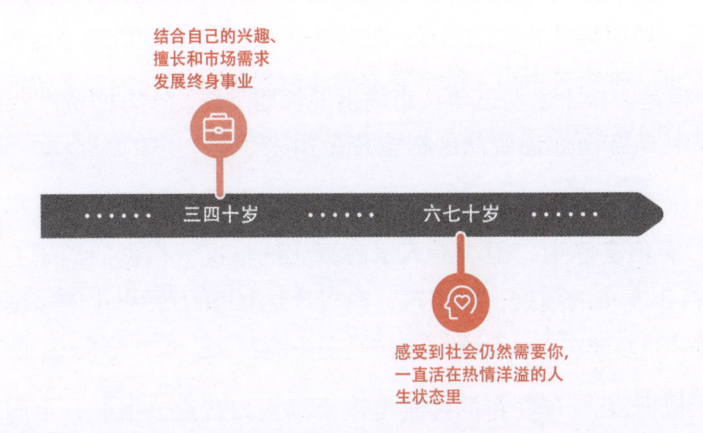

结合自己的兴趣、擅长和市场需求发展终身事业

三四十岁　　六七十岁

感受到社会仍然需要你，一直活在热情洋溢的人生状态里

这种人生状态，是幸福的、神采飞扬的、持续有钱赚的。要想获得这种人生状态，关键就是把喜欢的事当饭吃，永远不需要退休。

对我来说，投资、写作都是我的终身事业。

发展终身事业还有一个好处，就是能让你一直有正向的现金流，这对于长期投资者来说非常重要。因为针对中国资本市场的特点，如果你有一个账户用来长期投资，同时又有日常现金流，那么你的投资心态会更加稳健，动作也会更加从容。

当你有了终身事业，有热爱和价值感，同时又有钱进账时，你就可以真正地做时间的朋友，慢慢地滚财富的雪球。

第三，财务自由标准太高，变成沉重的枷锁。

对大多数普通人来说，财务自由的标准太高了。

有了这个高标准的束缚，你很容易因为恐惧被束缚在格子间里，迟迟不敢追求自己的自由人生。

我们以深圳有娃的中产家庭为例，假设每年的生活开支是50万元，按照被动收入的定义，如果每年按5%的稳定收益率计算，那么要实现财务自由，这个家庭需要积累1000万元的金融资产。

1000万元金融资产是怎样的概念呢？

人们在网上谈到财富的时候，动不动就提到"一个小目标"，但实际上，很少有人了解真实的情况。根据胡润研究院2021年发布的数据，在中国，净资产达1000万元以上的家庭一共有202万户左右。那么，占比是多少呢？

根据2021年发布的《第七次全国人口普查公报》，全国共有家庭494157423户，将近5亿户。也就是说，**在中国，净资产超过1000万元的家庭，占比是0.4%**。平均来看，每250个家庭当中，有一个家庭的净资产超过1000万元。

一般来说，在中国家庭的净资产中，房子占大头，所以，有1000万元金融资产的家庭，占比比0.4%还低。

实际上，有钱人没有你想象的那么多。

如果你听信了网络谣言，给自己加上了无形的枷锁，一直沉浸在追逐金钱的游戏当中，忽略了对于理想人生的追求，那么，这将是一件非常不划算的事。

从本质上来说，金钱更像一种预防痛苦的疫苗，而不是一种提升快乐的药物。

疫苗并不需要太多，足够就好。我们想要提升快乐，需要做更多有意义的事，比如做热爱的事业、找到志同道合的伙伴。

所以我认为，该放弃"财务自由"这个想法了，财务富足比财务自由更重要。

那么，什么是财务富足？

财务富足有两层含义。首先是心态层面，你不再为金钱感到焦虑，你也不再为缺钱感到恐惧，金钱不再成为你追求自由人生的障碍。其次是财务层面。从定量的角度出发，我把财务富足定义为家庭可投资净资产达到每年家庭总开支的10倍。

我们先来看一下每年家庭总开支，这是每年各种家庭花销的总和。

你可以问一下自己，对于每年家庭总开支有清晰的了解吗？90%的人都没有清晰的了解，即使很多金领人群，看上去收入很高，但因为消费时没有觉知，一年到头能够存下来的钱也很少。

请你拿出纸笔计算一下每年的总开支，看一看这个数字是不是会超出你的想象。从我做过的家庭财务咨询案例来看，60%的人都远远低估了他们的日常花销。如果你平时没有记账的习惯，那么你可以参考微信支付或支付宝的账单统计功能。

接下来，我们来看看怎么计算家庭可投资净资产。

家庭所有的财富，从房子、存款到股票、基金，全部加起来就是你的"家庭资产"，把自住房这部分减掉，剩下的就是"家庭可投资净资产"。

把家庭总开支和家庭可投资净资产算清楚，就是在盘算你的家底，也是在认真仔细地规划你的财富。

这件事你可能是第一次做，甚至有点儿不习惯。但它非常重要，因为你只有把现有的财富盘算清楚，做好管理，你才会变得越来越有钱。

我在帮财富私董会成员做咨询的时候会发现，他们可能收入很高或者资产量很大，但因为平时从来没有认真仔细地审视过家庭的资产负债表和现金流量表，所以当他们做完这样的梳理以后，会发现理想生活的愿景清晰了很多。

你可能好奇，为什么会把财务富足的标准定义为，家庭可投资净资产达到每年家庭总开支的10倍呢？

首先，这会给我们一个更加切实可行的目标。

财务自由给人带来太多枷锁，每年从金融市场里面不断取钱，这太难实现了。

而如果聚焦财务富足，就会发现它更好衡量，而且目标没有那么高。要想实现财务富足的目标，有两种途径，一种是尽量增加你的净资产，另一种是尽量减少你的总开支。

尽量增加净资产

尽量减少总开支

实现财务富足的目标

比如你当前的每年家庭总开支是50万元，那么家庭可投资净资产达到500万元，你就实现财务富足了。

相比于财务自由的标准，500万元这个数字已经小很多了。实际上，如果真正准备了足够十年开支的钱，那么家庭财务就已经足够安全了。

此外，你可以想一想，你真的需要每年花50万元吗？

在后面的章节中，我们会谈到很多合理省钱的方法，让你在不降低生活质量的前提下，储蓄更多的钱用来投资，这时候你会发现实现财务富足的速度大幅提升。

其次，这会让我们尽早进入时间自由的状态，活出热爱。

我见过很多高薪人士，他们可能是互联网大厂的高收入员工，或者是上市公司的管理者。对于当前的工作，他们其实没有那么热爱，甚至可以说是讨厌，但是他们并不敢轻易离职，因为他们担心生活会受到非常大的影响。对他们来说，时间比金钱更珍贵。

时间是你最重要的财富，是永远不可再生的资源。

每个人在这个世界上的日子总量都是有限的，如果某一天你没有过得很幸福，那么这就是你人生的重大损失。

因此，如果我们能早一点儿实现财务富足，早一点儿从不喜欢的工作状态中挣脱出来，去追求自己的热爱，活出自己喜悦的人生，那么这将是对人性最大的解放，也是我们来到这个世界上最值得追寻的事之一。

我知道这听上去有点儿难，因为在中国的教育环境下，我们一直被要求上个好大学、找份好工作。

很多时候，你身处某个高薪岗位，外界对你投来艳羡的眼光，但你自己知道这是一个金色的牢笼。

2013年，我从复旦大学毕业，工作五六年以后，我越来越意识到，打工生活并不是理想人生。因为即使身在顶尖的企业，扮演的角色也只是流水线上的一颗螺丝钉而已。

比如，晚上11点，我刚准备睡觉，却临时收到领导的微信，需要加班做一个汇报材料。我花三小时做好PPT，第二天开会的时候却只讲三分钟，这件事就翻篇了。更重要的是，很多时候我会怀疑，我手头做的事情、写的方案、填的表格、画的PPT，到底会对真实的世界产生怎样的影响？

人天生就是需要价值感的动物。这种价值感会让我们感受到被渴望、被需要，让我们知道，自己的存在对这个世界来讲是有一点儿意义的。

不论是在腾讯，还是在特斯拉，我都有过职业高光时刻，也和马化腾、马斯克两位顶尖企业家有过接触和交流，但是在这些工作经历里面，我个人并没有特别强的自我实现感。好多次我都在想，假设我离开了，那么我这一辈子到底给世界留下了什么呢？

这个问题，我在2021年年初的时候，突然找到了答案。

那时我还在腾讯上班，用业余时间写了《我们终将变富》这本书，我收到了全国各地读者的很多反馈，有一位上海老爷爷的反馈让我印象尤为深刻。

他发了一条好几屏的微信，说，这些年他有一笔退休金，一直不知道该怎么管理，认真地看完我的书以后，才知道原来可以用稳健长期的方式去管理自己的钱，为退休生活做更好的规划。

收到微信的那一瞬间，我的心中仿佛有流星划过，因为我感受到我已经在这个宇宙里留下了一丝痕迹。也正是因为受到了很多类似的鼓舞，2021年我离开腾讯，开始自己创业。

最开始离开的时候，我也有很多恐惧，我会担心如果做不成会怎样。于是我自己做了三项创业前的准备：第一，我给全家买了非常充足的保险；第二，我准备了三年饿不死的钱；第三，我接受如果创业失败就再去找份工作的结果。

但神奇的是，当我把时间和精力都投入自己热爱的事业中后，我发现收入的天花板也会被打开。离职后两年，我的收入远远超过了上班时的水平。

很多人一直在想：等我赚了足够多的钱，我就去做自己喜欢的事。但实际上，你只有不断做自己喜欢的事，才会更容易赚到足够多的钱。

这一点虽然反直觉，但解释起来也很简单。因为当你做自己喜欢的事情时，你会精力充沛，火力全开。同样一天工作8小时，你的效能可能是打工时的1.5倍，甚至2倍。

现代社会有个隐蔽的特点，就是通过鼓吹消费主义让你把钱花完，然后陷入追求高收入的陷阱，你为此不得不去做很多毫无意义的工作。你就像一个陀螺一样不停地转动，但是找不到人生的方向。

伦敦经济学院的人类学家大卫·格雷伯写了一本书《毫无意义的工作》，他发现社会中毫无意义，甚至是有害的工作占了所有工作的一半以上，这种工作到处都是，而且还在不断增多。

在书中，他引用了数据分析公司YouGov在2015年对英国人的调查——询问被访者是否认为自己的工作对世界做出了有意义的贡献，结果，37%的被访者认为没有贡献，13%的被访者不确定。

大卫·格雷伯把毫无意义的工作归纳为五类。

第一类，马屁型，这种工作的主要目的是让上级感觉良好。

第二类，打手型，在这种工作模式下，雇员是雇主积极的打手，沦为巩固利益的附庸。

第三类，补丁型，这种工作的主要内容是处理原本可以完全避免的问题。

第四类，报价机型，这种工作专门负责产出各种书面文件，比如一些马后炮式的报告。

第五类，监工型，这种工作负责管理那些不需要管理就能运作的人，经常瞎忙活。

大卫·格雷伯甚至做了一个让人吃惊的判断，他认为现在的工作制和奴隶制的本质是相通的——你的时间不属于你自己，而是属于雇佣你的人。

时间是我们所拥有的最重要的财富，我们来到这个世界上，如何把每一分每一秒都活出最大的价值、最大的意义、最大的幸福，是我们此生最重要的课题。

虽然现代经济体系给很多人制造了牢笼，但也给人们创造了成为自由人的工具，就看你是否能发现它，并且充分利用它。

过去二十年，创业者不断追求扩大规模，把企业中的每个人都席卷到不停加班的浪潮中，未来二十年，我认为"小而美经济"将成为大趋势。

什么是"小而美经济"？第一，不需要融资，不需要重资产；第二，做自己喜欢的事并且能赚到钱；第三，不追求暴富，鼓励创业者用轻盈的节奏持续行动。

小而美经济会越来越普及，是因为互联网平台把通信、社交、协作的基础设施搭建好了，AI的发展极大地为每个个体赋能，让人们的能力得到了极大的施展。

那么，我们可以怎么承接这波红利呢？

首先，把自己的专长发展成产品，一个人成为一家企业，有自己的核心竞争力；同时，不需要承担复杂的管理成本，现金流健康，生活方式自在。

很多人会把专长和专业联系在一起，其实它们不一样。大学的专业不是以市场需求为导向的，而且存在和社会脱节的问题。

专长最简单的定义，就是你擅长帮别人解决哪类问题。更关键的是，专长不是天生的，你可以通过自学和实践，发展出你的专长。

以我自己为例，进入复旦大学读书的时候，我最开始学习的是药学专业，但我发现那个专业并不适合自己，我不愿意在实验室里每天做实验。所以我转专业进入了新闻系。在新闻系里，我喜欢分享和表达的天性得到了更多的释放，但是等我毕业的时候，媒体行业正在衰落，所以我又转型去了互联网科技行业。

但现在，我的主要工作既不是做药物研究，也不是做新闻。目前，我的核心产品是"财富私董会"，解决的是高净值人群的财富保护和稳健增长问题。

过去三年，我帮300个财富私董会成员做了咨询，分析每一个家庭的资产、现金流状况，帮助他们规避风险，做好未来三年的财务规划。

这个转型看上去跨度很大，因为横跨了不同行业。但幸运的是，我们身处互联网时代，无论想学什么，只要花时间就可以学会。

我读了几百本与投资相关的书，考取了AFP（金融理财师）、基金行业从业资格证，写了理财畅销书，发布了100多小时的课程，从一个外行成为内行。

在这个信息无限发达的时代，只要你奔着一个方向努力，所有的资源便都会向你倾斜。所以，重要的是敢想、敢行动，而不是被过往的经历限制。

在生活中，我接触到很多人，他们觉得自己没什么专长，其实是把这件事想得太复杂了。每个人都一定有专长，只是有些人的专长正在闪闪发光，有些人的专长还在黑夜中沉睡。

那么，该如何唤醒专长，让它变成事业的方向呢？

如果我们去看看人类存在哪些问题、哪些需求，再结合自己的经历，就很容易发现自己的专长了。

根据最经典的"马斯洛需求层次理论"，人类底层的需求是生理需求，然后是安全需求，接着是情感需求，最后是尊重需求、自我实现。

饮食健康、投资理财、创业、搞副业、法律咨询、心理咨询、育儿、情感、家庭关系、美妆……这些话题为什么火？因为它们都切中了马斯洛需求中的一条甚至多条。

如果你在这些领域中有一技之长，那么恭喜你，这是对你而言最好的时代。

二十年前，如果你是一个专家，那么对不起，你只能在单位里好好上班，你不会因为专长得到任何额外的奖赏。

但现在，只要你有一些专长，那么整个互联网就是你的主场。你可以在全网吸引用户、服务用户，从而创造财富的第二曲线。你不需要成为大网红，你只需要在特定的人群中积累信任，就可以获得足够的收益。有专长的人，拥有1000个铁杆粉丝，就可以活得很自在。

每个人都可以成为创业者。你不需要管理一家大公司，你可以创造属于自己的事业，热爱它、享受它，让这个世界因此发生一点点改变。

孟加拉国经济学家穆罕默德·尤努斯，创办了孟加拉乡村银行，有"穷人的银行家"之称，他给乡村里的底层民众贷款，帮助他们获得启动资金，从而改变自己的命运。

他在香港理工大学的一次演讲中讲道:"年轻人别再成天惦记着找工作,找工作是个错误成就的概念,年轻人应该把思维完全转换过来,每天起床告诉自己,我不是求职者,我是创造工作的人。

"我们纵观整个人类历史,人类都不是求职者。你若只知道替人工作,就是让错误的思想进入脑海,控制住你了。人类从来不是为了任何人而工作的,人类生来就充满干劲,想到什么就去做,懂得想办法解决问题、寻找资源、创造新事物,每个人都有无限的创造力。"

尤努斯非常乐观,他鼓励每个人都应该立刻行动去创造自己的事业,我没有那么乐观,因为我深知,在当前的家庭教育和学校教育环境下,很多人在刚毕业的时候其实对于商业一无所知,对于如何找寻事业方向也非常迷茫。

比如我从复旦大学毕业的时候,其实不知道怎么和人合作,也不知道该怎么从社会上赚钱,更别提创造自己的事业了。

对90%的普通人来说,打工是非常好的开始。在打工的过程中,你会积累认知、能力和资源。

所以,我提出财务富足这个概念,是希望大家在打工的过程中保持觉察,不要一辈子陷在打工模式中,要尽早去发现自己的天赋和热爱,尽早摆脱对于金钱的恐惧,去创造属于自己的人生。

我见过很多年薪百万、身居大公司管理层的朋友,他们的能力其实已经很强了,但是他们会感到恐惧,害怕一旦离开公司,自己将一事无成。

实际上,实现财务富足,让你的可投资净资产超过每年家庭总开支的10倍，你就给家庭构建了一张足够安全的网，你可以放心大胆地去追求自己想做的事。

1.2 把每一分钟都当作礼物

在电影《功夫熊猫》中，有这样一段话：

Yesterday is history. Tomorrow is a mystery. Today is God's gift. That's why we call it the present.

这句话的中文含义是——昨天已是历史，明天还是未知，今天才是礼物。

这句话对现代人来说是非常重要的提醒。因为我们常常活在焦虑当中，我们总是为未来而活，而忽略了当下是体验人生最好的时间点。因此，财务富足比财务自由更重要，只要你达到了不错的财务状态，你就应该尽早地去追求理想人生。因为，人生的目标不是财富最大化，而是体验最大化。

现代社会有两种人：一种人过度消费，把未来的钱用在现在；另一种人过度储蓄，时刻延迟满足，总是把心愿不断地往后拖延。

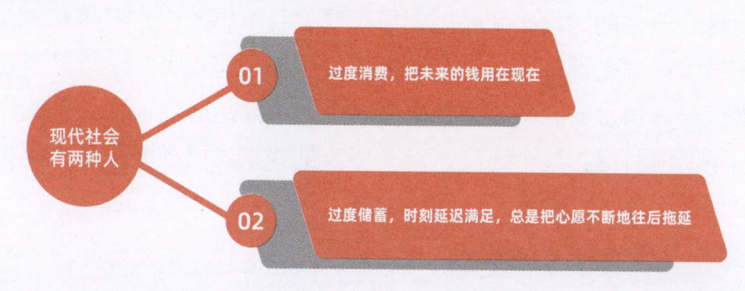

现代社会有两种人
- 01 过度消费，把未来的钱用在现在
- 02 过度储蓄，时刻延迟满足，总是把心愿不断往后拖延但是，每种人生体验都有最佳的实现日期，所以千万别因为顾着赚钱而忽略了对这些体验的追求。比如，很多人总想着退休以后要环游世界，但往往60岁以后，人们根本就不想到处旅游，而是只想待在家里，因为体力跟不上。

追求最佳人生体验，有三个最重要的因素：健康、财富和时间。健康往往是限制最大的因素，所以等一个人老了以后，很多事可能已经做不了了。

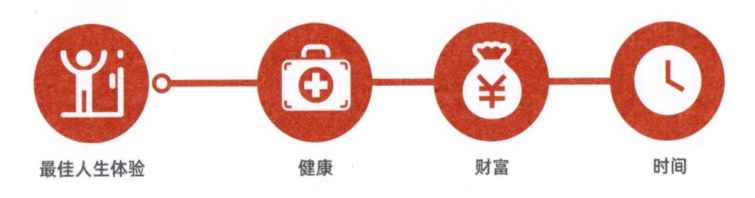

小时候家里穷，我没有去过游乐场，直到20岁的时候，我才第一次去了香港迪士尼。当时的感受就是：简直太好玩了，我以后一定要经常来。后来上班越来越忙碌，这个愿望就被搁置了，我还以为什么时候去玩都不迟。

2021年，我去了上海迪士尼。然而，我体验到的已经不是惊喜，而是惊吓。

上海迪士尼有一个特别项目，叫作"创极速光轮"，你需要匍匐在摩托车上，然后在高空中穿行，体会极速的快感。当我看到这个项目的时候，我心里就很犹豫，我不想去玩。但朋友一直在鼓动："来都来了，这个特色项目还不玩一次吗？"结果当我坐上去，扣上安全带，摩托车开始极速运行的时候，我心里就开始不断地后悔。这个速度，对30多岁的我来说已经太快了，我甚至已经产生了眩晕感。

这些年读了太多投资相关的书，我越来越注重风险管理。于是我忍不住胡思乱想：这个设备会不会出问题，万一我们卡在空中下不来怎么办？当我从摩托车上下来的时候，我对自己说，从今以后，我再也不玩类似的项目了。

在20岁的时候，我以为人生还有很长的时间可以去体验有趣的项目。但是从30多岁开始，我就告别了这类游乐项目。

我意识到，美妙人生的关键，就是在预见未来和活在当下之间做平衡。

钱是永远赚不完的，这是一个无止境的游戏。但每个人的寿命，都有上限。用每一天来享受当下的日子，才是你真正赚到的人生财富。因此，当你达到一定财务状态以后，心灵富足比财务富足更重要，更值得你去追求。

那么，什么是心灵富足呢？我们可以将其概括为三句话。

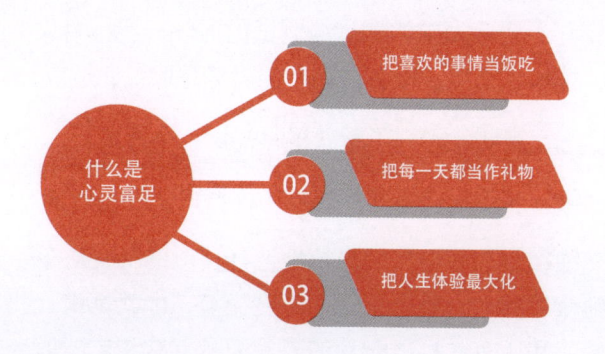

什么是心灵富足
- 01 把喜欢的事情当饭吃
- 02 把每一天都当作礼物
- 03 把人生体验最大化

第一句话，把喜欢的事情当饭吃。

每个人都有自己的天赋、优势、热爱，但大多数时候我们所从事的工作和它们关系不大。

毕业以后，我在传统媒体行业做过广告销售，在特斯拉做过品牌运营，在腾讯做过市场公关和产品运营。然而随着工作年限的增加，虽然工资不断提高，但是工作本身并没有给我带来更多的愉悦感。

为什么会这样？

在很长一段时间里，我都找不到答案，直到我做了盖洛普优势测试。

盖洛普优势测试是一种自我心理评测工具，它包含177个问题，主要的目标是帮助每个人发现自己的特点和优势，从而利用这些特点和优势来提高个人成就和生活质量。

这个测试把人类的优势分成34项，比如学习、沟通、竞争、排难等。通过回答问题，你会得到按顺序排列的你个人的34项优势。排名前5位的优势，就是你最擅长的，排名后5位的优势就是你相对来说比较欠缺的、积累比较少的。

2018年，当我做盖洛普优势测试的时候，我排名靠前的优势有学习、搜集、交往；排名最靠后的优势是取悦、适应。

- 学习，表明我希望不断获得新知识，不断成长。
- 搜集，表明我会不断地找寻各种资料，进行研究。
- 交往，表明我会比较谨慎地选择自己的社交对象，一旦找到认可的人，就会跟他们深度交流，也就是说，我不是那种能和所有人打成一片的人，而是喜欢和志同道合的人交流的人。

你可能会发现，在大多数的职场工作里面，我们需要的不是不断学习，而是把当前的工作做到最熟练，成为一颗优秀的"螺丝钉"，所以职场工作可能没办法充分发挥我的优势。还有一个有意思的地方，就是我排名靠后的优势，比如取悦、适应，其实是职场晋升中非常重要的技能。

- 取悦，就是关心他人的感情，关心他人的需求，让他人开心。我在这方面很不擅长。很多时候，当团队聚餐或和外部合作伙伴交流的时候，大家觥筹交错、相谈甚欢，我都觉得自己是一个局外人，有一种游离的感觉。
- 适应，就是不论规则和流程发生什么变化，都能第一时间接受，并且拥抱这种变化。我恰恰相反，我特别在乎原则，在乎个人的内在秩序，而且希望能够提前规划好事务，不喜欢临时变动。

在做完测试并且找专家进行解读后，我就明白了，我这种特质要在职场上取得非常大的成就，难度极高。但是，优势会给我打开另一扇门。从大学以来，我就在不断地研究新东西，从经济学、心理学到投资理财，我会大量查阅资料、建立框架、撰写文章，把这些知识分享出去，帮别人做咨询，解决问题。

做这些事的时候，最开始我完全没法赚钱，但我就是乐此不疲地做，因为这运用了我的优势，比如学习、搜集、交往，我很享受这个过程。

有一段时间，腾讯的工作特别繁忙，但我开启了一个"日更100天"挑战，在不影响本职工作的前提下，每天发一篇公众号文章。白天上班肯定是没工夫干这件事的，所以我就提前来到办公室，然后花一些时间做自己热爱的事。我还记得有一次从深圳去北京出差，当天上午比较忙，没空写作，但飞机落地要晚上11点多了，所以我就在飞机上完成了当天的文章写作。

珍视你的热爱，珍视你的优势，因为它会引导你的人生方向。

现在我特别开心的是，我日常所做的工作基本都围绕自己的优势和热爱展开。一方面做投资的研究，学习大量新知识；一方面持续创作和输出，影响他人。与此同时，把研究成果做成财富私董会这样的知识产品，服务认可我的用户。

可能有朋友会说，也许是你比较幸运，找到了自己喜欢的事情。其实不然，每个人都有自己独一无二的优势，每个人的心中都有一团隐藏的火焰。你要做的事，就是通过大量的尝试和行动去挖掘优势，点燃火焰。

第二句话，把每一天都当作礼物。

在富足这件事上，比外在财富数字更重要的，是内心的情绪状态。

什么样的情绪状态是最值得追求的呢？你可能会说，高兴、兴奋，甚至狂喜。但实际上，太过激烈的感情容易消逝，太过激烈的情绪常常带来反转。就像某一天，因为某件事，你兴高采烈，但等事情平息以后，你可能会感到失落。

所以，有一种情绪状态是最值得追求的，那就是感受到平静、满足，在平静中生出一些欢喜。

就像初夏的午后，你坐在沙滩上，远处有微风吹过，海面涌起细浪，你在此时此刻感受到自己和整个宇宙连接，世界和你一起产生轻微的共振。

曾国藩有一句16字座右铭："物来顺应，未来不迎，当时不杂，既过不恋"，把这种状态表达得很贴切。

万事万物就像风一样穿过自己，你不必纠结过去的遗憾，也不必担忧未曾发生的风险，而是应该尽情地享受此时此刻。

这种状态听上去简单，但却是现代人特别难以做到的。因为每一天我们都会被各种欲望和渴求所包裹，比如想要更高的薪水，想上更好的学校，想住更大的房子。

但这种状态又是可以实现的，因为我们有很多方法可以让自己达到这种状态。

第一种方法是冥想。

通过几年的练习，我从一个容易着急、喜欢规划未来的人，慢慢地变成了关注当下感受，把注意力投射在此时此地的人。

第二种方法是感恩。

人们总是把当下拥有的东西视作理所应当拥有的。一旦你养成这种习惯，你就会觉得一切已经得到的都没有那么好，你还值得更好的生活，这是一个永无止境的追逐游戏。

从2021年起，我开始公开写晨间日记，记录自己的所思所想，其中有一个模块就是"感恩"。当我公开表达对他人和事物的感恩时，我会感受到内心更加充盈，也更加幸福。如果你想了解我对投资、创业、财富的最新观点，可以围观我的成长日记，请关注微信公众号"兰启昌"，回复"日记"，就能获得。

第三种方法是学习哲学。

哲学的本意是"爱智慧"。虽然很多古今中外的思想家生活在几千年以前，但他们对于人性的认知从来没有暗淡过，反而越来越熠熠生辉。

从老庄哲学到佛教哲学，再到斯多葛哲学，这些思想虽然诞生于不同的国家，但却有很多相似之处。了解这些哲学的内核，有助于我们看清世界，看淡变化，平静内心。

第三句话，把人生体验最大化。

你有没有思考过一个问题——人来到这个世界上有目的吗？

从进化论的角度来看，每个人其实都是人类这个物种进化的一部分，每个个体的存在，核心目的都是完成物种的繁衍。

这听上去有点儿悲观，好像我们变成了一颗棋子。但其实我们可以从一个乐观的角度去思考。我们能做什么样的事，让自己的一生变得更有意义呢？

有一个答案，就是尽可能多地和喜欢的人在一起，多做自己认为有乐趣的事。

在中国社会，我们推崇延迟满足，然后给自己设置一个高标准，等赚够了钱以后才去做自己喜欢做的事。

实际上，人生并不可以无限地延迟满足，因为我们的寿命有限，等你到了一定年纪，由于健康所限，很多事就做不了了。

比如你想去滑雪，等你过了50岁再去学这个技能，很可能已经不合适了。

小时候我有很多兴趣爱好，比如我想练习书法，但因为环境有限，我根本找不到合适的资源和老师。这些爱好就像种子一样，被深埋在现实的土壤里面。在我生活的村子里，甚至连练习书法的纸张都买不到，所以我就从爷爷家找了一支毛笔，在水泥地上练习书法。

工作的前十年，因为太过忙碌，时间不自由，我也从来没有时间去思考这些爱好。但2023年，当我看到一些短视频的时候，内心的种子突然就发芽了，仿佛就要破土而出。

于是我在网上搜了一下家附近的书法培训机构。但这时我很纠结，因为感觉自己还没有赚到足够多的钱，应该把所有的精力都投入事业，而不是去练习一个看上去完全无用的技能。

不过后来我想清楚了，在生活中享受快乐，从爱好中得到乐趣，本身就是一件优先级很高的事。

我们不能总是活在未来，因为未来有很多变数。等到某一天钱赚够了，可能心境变了、身体条件也变了，而未完成的心愿就永远成了遗憾。

从2021年开始，我一直在练习网球，最开始我只是单纯把它当作一项运动，主要目的是锻炼身体。但后来我发现了它的多重功效。首先，打球的时候身心会全部投入，这种沉浸的感觉非常快乐。另外，网球会让人感受到心灵和身体的差别，只有对自己的内在状态完全接纳，才能击出非常高质量的球。

中华民族是一个非常勤劳的民族，我们总希望不断改变自己的命运。

小时候，走出大山是我唯一的目标。那个时候，不断地努力、不断地学习，是我的生活主旋律。

后来我毕业了，为了在大城市定居，我把所有的时间都投入工作当中。

现在我明白了，快乐本身就是目的，幸福本身就是终点。

如果你有未实现的心愿，如果你有未完成的爱好，那么此时此刻就是最好的开始时间，因为你花费在这上面的每一分每一秒，都是你真正赚到的财富。

在所有的人生体验中，有一种是特别值得留意的，那就是和喜欢的人在一起共度时光，这样的记忆往往非常珍贵。所以，当你达到一定的财务水平以后，可以多花时间追求这样的体验，多和爱人、朋友去看看世界，这是一个非常好的选择。

谷歌公司有一个特别的员工福利政策，即对一些表现很好的员工，奖励他们和家人旅游度假一次的费用。因为他们发现，相比于直接发放一笔奖金，让员工和家人有一次难忘的旅行体验，会极大地提高员工的满意度和幸福感。

买一个奢侈品包可能不是一个理智的选择，因为拥有它的快乐很短暂，而且大多数时候，奢侈品成了证明社会地位的游戏道具，这种游戏本身就很无聊。

相反，和你喜欢的人一起去感受世界，感受各地的风土人情，会是一笔影响深远的投资，因为它会极大地增加你的人生丰富度。

1.3　打造富足飞轮，彻底改变人生

读到这里，你可能会想——不论是财务富足，还是心灵富足，这些目标都非常好，可是怎么实现呢？

很多用户会和我谈到这个困惑，成年人的生活中总是有许多并行的任务：我们想要变得更富有，我们想要变得更幸福，我们想要做自己热爱的事。

每一个目标看上去都很重要，但是它们混杂在一起，就像一团乱麻，我们被捆绑住，找不到前行的方向。

怎样去破局呢？

核心的解法就是找到各个目标之间的关联，并且创造一个系统，让它们相互促进，产生强大的动力，助力我们获得理想人生。

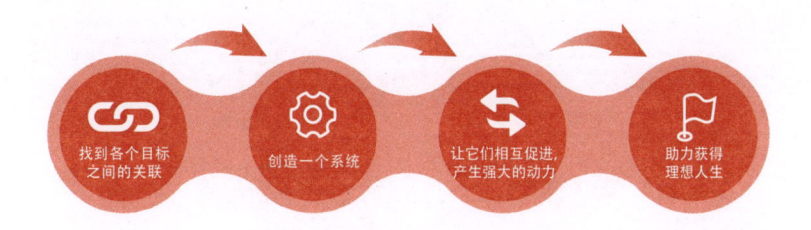

找到各个目标之间的关联 → 创造一个系统 → 让它们相互促进，产生强大的动力 → 助力获得理想人生

这里有一个关键词——关联。在很多人眼中，大多数事情是彼此割裂、相互矛盾的，抓住一点，其他点就只能放弃了。

在生活中，你是不是会看到这样的案例？

有人只顾加班加点挣钱，但挣来的钱全用来存银行活期，没想过如何增值。

有些人总想着投资暴富，却忽略了主动收入的重要性，于是现金流出现危机。

有些人太注重节俭，花了大量时间和精力省钱，生活质量也因此下降。

在这些人的视角中，工作、投资、省钱、幸福，这些事情完全是分开的，他们往往只盯着一点，而忽略了全局。

我们要想过好一生，就必须拥有一个全局视角，具备战略眼光，对人生重要的事情通盘考虑。

从十八线农村青年到大城市居民，从加班至深夜的打工者到自负盈亏的创业者，从工作不开心到每天都感受到心流，这些年，我花了大量时间去探索该如何创造更富足、更幸福的人生，以下这张图便是我的答案。

这张图的外圈包含值钱、挣钱、存钱、赚钱四个因素,也是飞轮的四个"齿轮"。

- 值钱,是指把自己当作一家企业来经营,打造自己的核心竞争力。
- 挣钱,是指把核心能力放到合适的位置去变现,获得持续现金流。
- 存钱,是指把收入变成利润,积累人生的第一个"雪球"。
- 赚钱,是指通过长期投资、资产配置,让钱生钱。

飞轮的真正关键是心灵富足,这是我们追求财富的真正目标。心灵富足,是把喜欢的事情当饭吃,把每一天都当作礼物,把人生体验最大化。

这本书会围绕富足飞轮展开,在进行具体的阐述之前,我们先来聊一件事，为什么是飞轮而不是其他形式？

管理学界有一本非常著名的著作《从优秀到卓越》，其作者吉姆·柯林斯对很多伟大的企业做过统计和研究，他提出了一个词"飞轮效应"，他把企业的发展看作推动飞轮旋转的动力。

所谓飞轮效应就是，你想让一个飞轮转动起来，最开始是很难的，你要花很多精力去推动它，但是一旦它转动起来并形成势能，后面的过程就会变得势如破竹。

打造飞轮效应的过程是一个从难到易的过程。开始时你要花时间去关注每一个环节，让它们彼此促进，后来当突破临界点时，飞轮的重力和冲力会成为推动力的一部分，当飞轮转动的时候，就会形成事半功倍的效果。

关于飞轮效应，一个最典型的案例就是亚马逊公司。

2000年赶上互联网泡沫，亚马逊公司也将面临倒闭，这时创始人杰夫·贝佐斯把吉姆·柯林斯请过来做咨询。经过一番诊断以后，吉姆·柯林斯阻止了亚马逊当时的一些创新突破的单点做法，他引导高管团队一起去讨论支持亚马逊走向成功的关键要素和底层规律，并由此制定了"亚马逊飞轮"。

这个飞轮的第一个要点是让商品价格更低。商品价格越低，用户就会越多，用户增加以后就会吸引商家加入，当商家越来越多时，整个销售规模就会越来越大，进而形成规模效应，让整个公司的盈利能力增强，公司盈利能力增强，就可以进一步支持低价策略。

正是飞轮效应引导着亚马逊从一个在网上销售图书的商店变成了全球最大的零售公司。

你可能会想，为什么飞轮效应这个概念那么重要呢？它到底有什么特殊的地方？在我看来，飞轮效应能够促进企业和个人成功，有三个本质原因。

01 关注系统全局，从内部寻找成功的关键因素

02 关注因果关系，找出努力优先级

03 保持简单，保持专注

第一，关注系统全局，从内部寻找成功的关键因素。

一旦你去思考让公司成功最关键的因素，你就能够清晰地从千头万绪中找到最重要的几件事，然后把不相干的事都舍弃掉。

以亚马逊为例，我猜团队内部会有成员提出，是不是要把网站设计得更美观？是不是要去做更多的媒体报道？

这些事很重要，但不是最重要的，当精力有限的时候，可以把这些事舍弃。

另外，当我们从全局角度思考的时候，我们就会避开"只见树木不见森林"的常见问题。

比如在当时的亚马逊，可能销售团队会关注低价，供应商团队会关注如何让更多商户加盟，不同团队之间甚至会因此争吵。但有了飞轮，结构就会一目了然，每个团队都知道，自己是公司成功的关键一环。

在任何一家企业或者个人的成功过程中，外部因素都是重要的一环，这一点不可否认，但那不是我们所能掌控的。所以在飞轮效应中，不会列出外部因素，而是专注于内部因素。

第二，关注因果关系，找出努力优先级。

为什么要叫"亚马逊飞轮"，而不是亚马逊成功的几大关键因素呢？

因为如果你单纯地把几个要点列出来，你就很容易把它们看作分散的环节，而要达成飞轮效应，最重要的是让每个部分形成相互增强的关系——它们之间存在因果关系。

开始的时候，推动飞轮的每一个点都需要不停地使劲，但随着彼此相互促进，一旦到达临界点，飞轮的每个齿轮便会彼此咬合在一起，一个齿轮转动会带动另一个齿轮转动，这是最美妙的增长策略。

一个飞轮上的齿轮，它们的转动是有先后顺序之分的。越是前面的齿轮，我们越应该对其优先投入。

比如对亚马逊来讲，优先级最高的一个关键因素是为用户提供低价商品。

我们观察不同企业的飞轮，会发现企业的盈利往往排在飞轮比较靠后的位置，这提醒着我们，在创业的时候不要先追求利润，而是要先盯着有价值的事。

第三，保持简单，保持专注。

你有没有碰到过这样的情况：在制定战略的时候，经过一番全面的讨论，最后得出了8个甚至10个战略。

过多的战略就意味着没有战略，因为人的大脑没法处理太过复杂的信息。

在飞轮效应中，飞轮的关键因素一般是4～5个。只有足够简单，才能保持聚焦，才能牢记我们每天该做的重要的事，才能在正确的道路上一往无前。

当我们理解了飞轮效应的本质逻辑以后，再回过头来看富足飞轮，就会有更深刻的感受，具体来说，可以从以下三个方面理解富足飞轮。

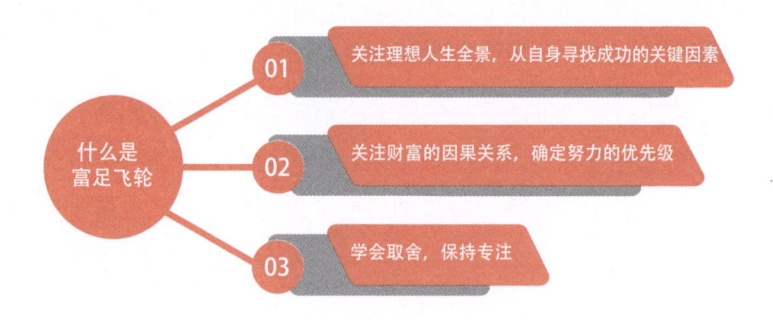

什么是富足飞轮

- 01 关注理想人生全景，从自身寻找成功的关键因素
- 02 关注财富的因果关系，确定努力的优先级
- 03 学会取舍，保持专注

第一，关注理想人生全景，从自身寻找成功的关键因素。

在现代社会中，我们很容易走极端，用一个单一的评判标准来看待自己，比如财富、地位、外表。但创造美好人生的关键是保持平衡，我们要在自己所关注的多个维度上达到令人满意的结果。

人生最重要的平衡，是外在财富和内心世界的平衡。所以在富足飞轮中，外面四个"齿轮"的核心作用是帮助我们创造外在财富。毕竟我们生活在现实世界里，90%的人生问题都可以用金钱来解决。

许多人平时不关注金钱，不管理财富，不在乎自己有多少资产，可能只有家人生病了、遇到意外了，才会意识到财富的可贵。

这个时代有太多人在谈论财富话题，还有人在追逐财富的道路上走得太远，而忘记了自己为什么出发。

所以在富足飞轮中，核心是心灵富足。不论你处在怎样的财富阶层，你都需要关注自己的内心世界，探索热爱、活在当下、享受愉悦。特别是对已经拥有了一定财富的朋友，这件事刻不容缓。

我曾经和一个朋友交流，他和我讲了一个上海企业家的故事。

这个企业家经过20多年的打拼，获得了非常多的财富。有一天他和我的朋友说，感觉自己过去错过了太多的时间，没有好好陪家人，没有好好照顾自己的身体，现在非常想停下来补救，但是已经形成了惯性，停不下来了，再这样下去感觉就要疯了。

我的这位朋友没有太多心理学背景，所以只能宽慰一番。没想到，两年以后，这位企业家真的疯了。谈到这里的时候，我的朋友非常唏嘘。

也许是受到了这件事的触动，这位朋友在40岁出头的时候就辞去了对冲基金管理人的工作，放弃了高昂的年薪，离开了压力巨大的职场环境，开始周游世界。

在创造富足人生的过程中，还有一件更重要的事，就是凡事从自己身上找原因、找出路。

有些人会说别人赚了钱是因为他运气好，有些人会把原因怪罪于环境、怪罪于他人。实际上，不论外在环境如何变化，你都是自己人生的主宰，你具备创造理想人生的所有能量。

有一句很有意思的话："从自己身上找原因，一想就通了；从别人身上找原因，一想就疯了。"

第二，关注财富的因果关系，确定努力的优先级。

在富足飞轮中，外面四个齿轮（值钱、挣钱、存钱、赚钱）是有优先级之分的，它们对应了一个人心理上的成熟度和社会化的不同阶段。

刚毕业的时候，薪水一般都比较低，就像我刚毕业去北京时，月薪5000元，除了生活开支，就不剩什么钱了。

这个时候最核心的事不是去做金融投资，因为你手头的仨瓜俩枣不会带来太多的收益。也不需要太节省，每个月留下100元和1000元，对你的长远人生来讲，几乎没有任何区别。

此时最紧要的任务是投资自己，打造自己的"人力资本"，尽快提升自己的硬技能和软实力。

当你有一技之长之后，若为人又靠谱，你很可能就会获得一个更好的岗位，或者获得贵人的赏识。这个时候，就是挣钱的开始。

挣钱的本质是什么？是技能和资源的变现。

技能合格了，资源到位了，挣钱就是水到渠成的事。在挣钱阶段要追求效率，因为每个人的时间都是有限的。在同样的时间段，若能有更多的产出，其实就是在延长生命。

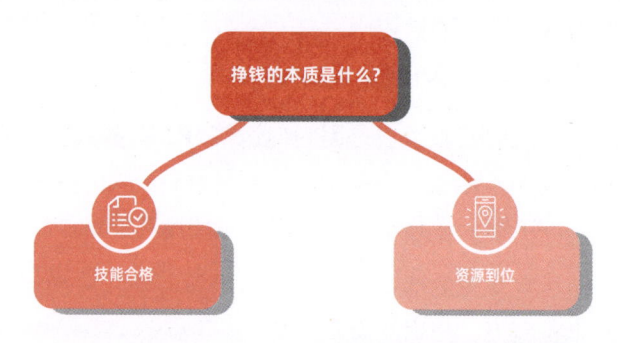

挣钱的本质是什么？
技能合格　　资源到位

在这个阶段，很多人的收入快速提高，但极有可能陷入"高收入陷阱",因为现代社会中消费主义的力量太强大了。你会被各种广告教育,要去追求更好的生活,买更多漂亮的衣服,买更贵的包,买更多高级的运动装备。

所以,保持清醒的态度,冷静地对待各种不必要的消费,做更多的储蓄,是此阶段非常重要的一件事。

社会上流传着一句话:"钱是挣出来的,不是省出来的。"这其实是"毒鸡汤"。每一个白手起家的人都需要想一想,你的第一桶金来自哪里?

如果父母不能给你,那你就需要靠自己在赚钱的过程中存下第一桶金。当你积累了一定的资金,怎么让钱生钱,就变成了更关键、更重要的任务。

这个阶段的起点,一般是30~35岁,你已经成了职场上的熟手,收入也不错,家庭开支也在不断增加。但是,如果你想要创造更多财富,仅靠努力加班肯定是无法实现目标的,因为靠时间换钱的模式,天然就有瓶颈。

过去5年,我帮上百个中产家庭梳理过家庭财务情况。在收入方面,他们已经是百里挑一。他们要么是企业主,要么是大公司骨干,但还是常常感到焦虑和恐慌,觉得生活不自由。问题在哪儿呢?

核心原因在于,他们目前的财富主要靠"主动收入",很少有"被动收入"。

当我们的收入达到一个层级时,就需要从"挣钱模式"切换到"赚钱模式",这个过程需要一次身心的大跃迁。

挣钱,是靠手去劳动,即使收入再高也不能停手,手停了就意味着口停。

赚钱,是靠资本增值,做好长期投资,就有持续的被动收入。

这个模式切换难度很高。每做错一次决策,辛辛苦苦积累的财富就可能损失大半。但是,如果不做切换,就难以实现财务富足,难以享受更幸福的人生。

赚钱模式的本质,是通过长期投资享受财富增长的复利。这条路看上去很凶险,因为稍有不慎就会亏钱。但这条路又是我们走向财务富足的必经之路。而且,只要你遵循正确的原则,其实也没有那么难。

第三,学会取舍,保持专注。

这个世界上有很多种游戏,财富是一个重要游戏,因为我们生活在市场经济中,金钱可以解决大多数问题。

但与此同时,还有一些游戏可能也会诱惑你,比如地位游戏。玩地位游戏,就是希望不断获得他人的认可,在一个环境里不断地往上走。

在财富游戏和地位游戏中,你需要做取舍,因为人的精力是有限的。我的选择是财富游戏。因为财富游戏是一个正和游戏,而地位游戏是一个零和游戏。

地位游戏

零和游戏。往往依托于某个环境,内嵌在某个结构当中

财富游戏

正和游戏。当你达到一定的财富量级后,可以实现时间自由、移动自由

比如你做了一款产品，把它卖给用户，用户付钱给你。如果这个产品给用户创造了很高的价值，那么他开心，你也开心。这就是正和游戏，双方都获益。

但地位游戏不是这样的，一个人升上去了，就意味着另一个人没有获得这个位置，升上去的人会很开心，失败的人也许会心生怨恨。

还有一个很重要的原因就是，财富游戏会让我们更自由，但地位游戏却不一定。

财富是一种全世界通行的交换工具，当你达到一定的财富量级以后，你可以实现时间自由、移动自由。所以这个世界上有越来越多的数字游民，他们可以在全世界工作，通过在网上出售技能或产品获得收入，同时又不用被地理位置局限。

但地位游戏不是这样的，其往往依托于某个环境，内嵌在某个结构当中，不论你处在这个结构中的哪个位置，要离开都是很困难的。

我们在追求财富增长的过程中，保持专注是很重要的。

我们可以换行业、换赛道、换工作，这些其实都不重要，重要的是让我们的净资产不断增加。

在毕业后的十年里，我先后在媒体行业、电动汽车行业、互联网行业工作过，干过记者、销售、品牌、市场、公关、产品运营等各个工种。但这些都是表象，我们不必被表象所困扰。

我们身处的时代，变化极其剧烈。所以在我们的一生中，有可能会见证很多行业的兴起和衰落，也有可能会见证很多工作的出现和消失。我在大学学的是新闻专业，2000—2010年期间，报纸、杂志和电视是非常好的行业，记者、编辑很受尊重，而且收入也不错。

有意思的是，2010年当我从药学专业转入新闻专业后，我立刻见证了传统媒体由盛转衰的关键时刻。2009年，新浪微博横空出世，迅速夺走了人们对于传统媒体的兴趣；2011年，微信诞生；2012年，微信公众号问世。从那个时候开始，越来越多的中国人开始习惯从互联网平台上看新闻、获得信息。

短短几年之间，传统媒体行业的收入大幅下跌。最开始，传统媒体从业者可能看不起互联网内容从业者，但后来，很多人开始下海，成为自媒体人。

央视的前知名记者张泉灵，在辞职后的一次演讲中说："时代抛弃你时，连一声再见都不会跟你说。"

这句话听上去很悲观，但如果我们换一个角度去理解，就会获得积极的力量。干一行干到老的时代已经过去了，我们需要保持终身学习的心态，不断更新自己的技能包，在各种行业里找寻机会，用技能和资源换取现金流，然后用现金流去换取优质资产，这样我们的财富才会像滚雪球一样一点点地积累起来。

当你开始打造自己的富足飞轮时，你会用一种新的眼光去看待财富和幸福。你会发现，看上去杂乱无章的事变得有序起来，而且你知道哪件事应该立刻做，哪件事可以稍后再做。

富足飞轮的四个齿轮——值钱、挣钱、存钱、赚钱，它们看上去都和财富有关，但是背后包含着不同的思维模型和能力模型。

人们总是按照过往的成功习惯做事，却忽略了：把你带到这里的习惯，并不一定会把你带到未来。所以在成长的过程中，需要不断地进行跃迁。跃迁不是零碎的进步，而是从一个层级进入另一个层级。

走向富足的过程，首先是心智的跃迁，其次是能力的跃迁，最后是财富结果的跃迁。在跃迁的过程中，有三个原则至关重要。

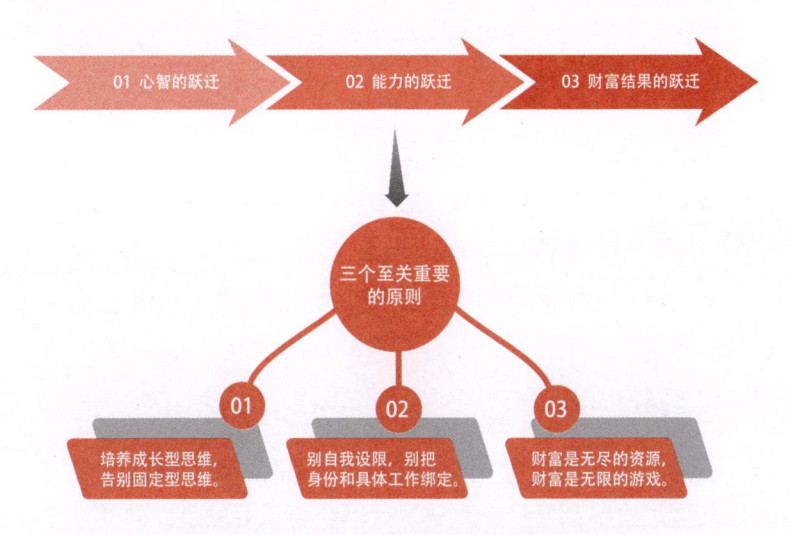

```
01 心智的跃迁 → 02 能力的跃迁 → 03 财富结果的跃迁
```

三个至关重要的原则

01 培养成长型思维，告别固定型思维。

02 别自我设限，别把身份和具体工作绑定。

03 财富是无尽的资源，财富是无限的游戏。

第一，培养成长型思维，告别固定型思维。

我是一个心理学爱好者，我认为心理学对于人的成长、幸福而言至关重要。曾经有人问我，在我学过的心理学理论中，哪个对我影响最大？

我的答案非常明确，那就是斯坦福大学教授卡罗尔·德韦克提出的"成长型思维"。

卡罗尔·德韦克是全球学习动机领域的领先研究者之一，她认为，人可以分为两类，他们分别拥有"固定型思维"和"成长型思维"。前者认为才能无法改变，后者认为才能可以培养。

拥有"固定型思维"的人在遇到困难时，常常以"我没有天赋"为借口，逃避挑战，不断重复旧有的技能。长此以往，他们会在职业和生活中步入平静的深潭，看不到未来的希望。

拥有"成长型思维"的人，喜欢尝试新事物，敢于面对挫折，把困难当作提高技能的机会。虽然在这个过程中会有心理痛苦，但他们的经验、能力与人脉都在不断提升。最后，他们与其他人的差距就越拉越大了。

两种不同的思维模式，创造了两种不同的人生。

第一种，每天都很容易，因为总在舒适区行动，但一年比一年难。

第二种，每天都有挑战，因为总在不断学习、进步，但一年比一年容易。

你选择哪一种？

不论是想变得更健康、更有钱，还是想成为卓越的专家，"成长型思维"都是你最重要的武器。更重要的是，即使你已经成年，你的思维模式依然可以改变，只要活着，你就有可能通过自我培养变成一个拥有"成长型思维"的人。

很多事，属于那种"一旦知道，这个世界就再也回不去了"的类型。"成长型思维"理论就是这样的事，当我听到它的那一瞬间，我就知道了自己过去为什么愿意接受挑战，我也会对未来能够取得的成就充满信心。

如果你过去的认知偏向于"固定型思维"，那么从今天开始，你可以在大脑中种下"成长型思维"的种子，然后不断创造合适的土壤，培养自己慢慢进步的习惯，等三年、五年、十年过去，你会发现，你的人生产生了巨大的改变。

在罗曼·罗兰的作品《约翰·克利斯朵夫》中，有这样一段话："大部分人在二三十岁就死去了，因为过了这个年龄，他们只是自己的影子，此后的余生只是在模仿自己中度过，日复一日。"

美好的人生，是生活不断有改变，生命不断有成长。

第二，别自我设限，别把身份和具体工作绑定。

很多人特别容易把自己的职业、岗位和自我身份绑定在一起。这样做有什么问题呢？当时代的浪潮发生变化的时候，这些人很难转变身份，会一直停留在过去，无法顺利完成财富模式的切换。

我见过一些人，按照他们的净资产水平，如果好好做投资，肯定可以产生可观的收益。但是他们总感觉财富不够，依然选择每天加班加点地工作，与此同时又抱怨工作太累。

在他们的内心深处，他们会认可自己拥有一个具体的工作身份，但很难接受自己"投资者"的身份。很有意思的是，投资赚到的钱容易被叫作"偏财"，既然是"偏财"，自然就不会受到重视，"投资者"这个身份也自然会被抵触。

在人生的不同阶段，我们的身份会经常切换，因此我们从心理上需要适应和拥抱这种变化。

对我来说，从23岁到30岁，我的身份是打工者，我的岗位变化非常大，所以我从来没有用一个职业来定义自己。

从30岁开始，我的身份是一个创业者。虽然我目前做的工作以金融投资为主，但我会把我的身份定义为"发现和实践真理，将真理传递给更多人，让更多人实现富足自由人生的人"。

因为按照这种定义，未来我的事业依然可以有很多变化，它们只要围绕着我的核心展开，我就会坦然地拥抱这些变化。

第三，财富是无尽的资源，财富是无限的游戏。

你是否这样想过：这个世界的资源很有限，如果我富足了，是否代表我抢夺了另外一个人的机会？

如果你这么想过，那么你并不孤独，因为我曾经就是这么想的。那时，我会把财富当作一个切蛋糕的游戏，谁切走一块，就会影响剩余人的生计。

但实际上，财富是一种无尽的资源，它是一个可以无限创造的游戏。被称作"硅谷教父"的保罗·格雷厄姆写过一篇文章《如何创造财富》，他的解释很精辟：

"创造有价值的东西就是创造财富。你最好先搞清楚什么是财富。财富与金钱并不是同义词。财富存在的时间与人类历史一样长久，甚至更长久，事实上蚂蚁也拥有财富。金钱是一种历史相对较短的发明。

"财富是最基本的东西。我们需要的东西就是财富，食品、服装、住房、汽车、生活用品、外出旅行等都是财富。即使你没有金钱，你也能拥有财富。"

他还举了一个更加具体的案例：

"假设你拥有一辆老爷车，你可以不去管它，在家中悠闲度日，也可以自己动手把它修缮一新。这样做的话，你就创造了财富，因为世界上多了一辆修缮一新的车，财富就变得更多了一点儿，对你来说尤其如此。这可不是隐喻的用法，如果你把车卖了，那么你得到的卖车款会比以前更多。通过修缮一辆老爷车，你使自己更富有。与此同时，你也并没有使任何人更贫穷。"

所以，这个世界有无穷无尽的行为都可以创造财富。

比如你擅长通过倾听帮别人解决心理问题，于是你帮人做了一小时咨询，他付给你2000元，你就创造了2000元的财富。

比如你的老家在乡村，那里的橙子特别甜，但以前没有人运出来卖，现在你找到了大城市的客户，用快递把它寄出来，你也创造了财富。更重要的是，在创造财富的过程中，你没有使任何人受到伤害，整个链条中的每个人都得到了更多的益处。

为什么会这样？因为创造财富是一个创造价值的过程，而价值是主观的。比如在第一个案例中，2000元对你来说超过了一小时的价值，而对你的客户来说，你帮他解决的问题超过了2000元的价值，通过一次交换，你们双方都获得了更多。

财富是你所创造的价值，而金钱只是财富的媒介。

我们在书中提到的值钱、挣钱、存钱、赚钱，这里面的"钱"本质上都是指财富，而不是指金钱这种媒介，我们用这种表达方式，主要是出于方便。

一旦你理解了财富丰盛、共赢的本质，你就会真正拥抱商业、拥抱市场、拥抱财富。

诺贝尔经济学奖得主哈耶克说，商业是最大的公益。因为在商业社会里，当人们自发合法地进行交易时，表面上看金钱从一个人流向了另一个人，仿佛是一个零和游戏，但实际上双方都获得了更高的价值，每个人的生活都变得更好，这实质上是一个正和游戏。

> **01** 你挣钱的时候，其实是在帮助他人。
> **02** 你花钱的时候，其实也是在帮助他人。
> **03** 金钱不是罪恶的，它是人们交换价值、互相满足需求的工具。
>
> 财富是**无尽的资源**
> 财富是**无限的游戏**

受环境的影响，很多人的大脑里总会残留着一些观念，比如赚钱可耻，比如有钱人的道德水平不高。**但当你看清真相以后，你就会知道，你可以做一个有钱的好人，可以通过创造财富让这个世界变得更好。而且，地球上的每个人都有潜力变得更加富足。**

只要你换一个视角看世界，你就会发现世界是丰盛的，有无穷的财富等待你去创造。富足飞轮有一个显著的特点：它是一个复利系统。复利最大的特征是什么？就是前期增长比较慢，但是一旦突破临界点就会开始呈指数级增长。

比如巴菲特的财富增长，就是一个典型的复利案例。他绝大多数财富都是在50岁以后积累的。在富足飞轮中，每一个齿轮之间相互促进，比如你投资能力越强，你就越容易成为一个更值钱的人。飞轮的每一个齿轮提升20%，整个富足飞轮就会提升207%。这就是系统的力量和复利的威力。

此外，富足飞轮的轴心也会和每个齿轮相互促进，比如你将越多时间用来从事热爱的事业,你越感恩当下,那么你和他人之间的连接就越紧密,你挣钱的能力也会越来越强。

在毕业后的10~20年中,我们花很多精力去启动这个飞轮,这个过程确实耗费时间、耗费心血,就像推着石头上山一样。可一旦飞轮转起来以后,它就会带来奇妙的结果,就像把雪球从峰顶往下推,越来越快,越来越大。

做时间的朋友,相信长期主义,以慢为快,我们终将富足。

富足人生指南

时间是你最重要的财富,是永远不可再生的资源。

第 2 章

值钱飞轮：培养自己的『吸金体质』

> 想得到一样东西，最可靠的方法是让自己配得上它。
>
> ——查理·芒格

我现在都记得，2013年那个冬天，我毕业半年，从北京回老家江西上饶过年。在回家的火车上，我看了看银行账户余额，只有几千块钱。那个时候我很迷茫，因为我感觉到，我的某种幻想破灭了。

从小到大，我最大的理想便是走出大山，大人们也跟我说："等你考上一个好大学，生活自然就会变好。"

所以，当我在下雪的冬日走上十几公里山路去砍柴时，当我在夏天38℃的高温下低头在田间插秧时，我的内心都有着美好的期待。这个美好的期待，和考上好大学直接挂钩。

但后来我发现，它们并不是直接挂钩的。好大学不等于好工作，好工作也不等于好生活。

也许对父母那代人来说，这个等式是成立的。因为在那个时候，国家实行分配工作制度，你考上的大学越牛，你分配的单位就越好。

而我们这代人，正在经历一个巨大的变化，文凭的价值在下降。不论是金敲门砖，还是银敲门砖，效果和差别都不大。

你会发现，在学校里学的知识技能，和这个社会所需要的东西之间存在着很大的差异。从根本上来说，学校教育是一个系统，而商业社会是另外一个系统。这两个系统的运作逻辑是完全不同的。

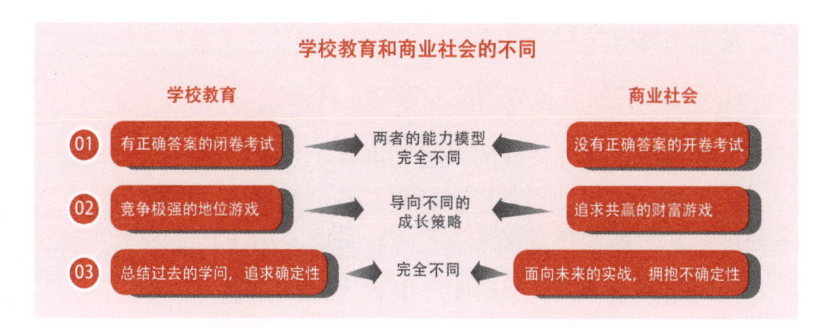

学校教育和商业社会的不同		
学校教育		商业社会
01 有正确答案的闭卷考试	两者的能力模型完全不同	没有正确答案的开卷考试
02 竞争极强的地位游戏	导向不同的成长策略	追求共赢的财富游戏
03 总结过去的学问，追求确定性	完全不同	面向未来的实战，拥抱不确定性

那么，学校教育和商业社会到底有什么不同呢？

第一，学校教育是有正确答案的闭卷考试，商业社会是没有正确答案的开卷考试，两者的能力模型完全不同。

简单来说，遵守规则的、能坐得住的、记忆力好的人，在学校教育中更容易脱颖而出。而在商业社会中，能独立思考的、有创造力的、有行动力的人，更有可能获得好的机会。

很多人疑惑，为什么很多"学霸"到现实社会中经常碰壁？原因很简单：他在前20年使用的能力模型如今不管用了，他需要修炼新的技能。

刚毕业的时候，我就碰到了这样的困境，后面我做了大量的探索和实践。本章的核心就是分享这些经历和思考。

第二，学校教育是竞争极强的地位游戏，商业社会是追求共赢的财富游戏，这将两者导向不同的成长策略。

举个简单的例子，在江西省，如果你想考清华北大，你考650分、680分、700分并不重要，重要的是你在省内的排名，考进全省前100名才有希望。

重视相对排名、一旦一个人获得资格就会挤掉另一个人的资格，这就是地位游戏。

在学校教育里，最好的成长策略是什么？

不是去探索各种各样的兴趣知识，不是去发掘自己的天赋特长，而是把要考的知识点学到最好、背到最熟，这样你才能在这个封闭游戏里取得最高的排名。在这种系统中成长的孩子，都会把竞争看得很重要，甚至因此产生非常大的压力。

从小到大，我也在这条道路上一直向前，只不过我一直保持着一个习惯——喜欢看课外书，即使到了高中很紧张的阶段，我每天还用半小时时间去读课外书。

历史、人文、法律、科技、商业等各个领域，我基本都会关注。后来我才意识到，这个习惯打下的思想基础，对我的人生转型非常重要。

在商业社会里，最好的成长策略是什么？

不是内卷做第一，而是敢于做不同的人，发掘独特的需求，做出独特的产品。因为商业社会是根据人的需求来设计的，所以不同的人群会有不同的需求，而且人群可以无限划分。在中国这样一个巨大的国家里面，但凡能满足1万人的某种需求，你就可以获得很大的成功。

我相信未来会有越来越多的人成为创业者，这种创业不是说一定要融资，而是扎根在某个细分领域中，把产品和服务做好，从而实现长期盈利。

因为这两个体系的不同，由此也会导向不同的人际思维。比如在学校里，很多好学生的竞争思维过强，他们会防着其他同学，甚至不愿意分享自己的解题思路。但在商业社会里，每一家企业都有上下游，都有合作方，即使是同行之间也可以相互交流、取长补短，因此，需要培养合作思维。

竞争思维太强，反而会影响竞争力。越是愿意合作的人，越会把财富的盘子做大。

第三，学校教育是总结过去的学问，追求确定性；商业社会则面向未来的实战，拥抱不确定性。两者在这一点上完全不同。

学校的课本中记录的都是已经确定无疑的知识，而且因为追求权威性，课本知识和最新的社会进展有一定的脱节。在这样的体系中生活了十几年，我们天然就会养成一种凡事追求确定性的习惯，一旦碰到一些不确定的情况，就会慌张。

但商业社会完全不是这样的。没有什么行业会万古长青，曾经如日中天的企业，很可能五年后就衰落了，所以不确定性是常态。随着AI等技术的发展，不确定性会越来越成为常态。

要想在商业社会中取得成就，就要与不确定性共舞，培养相应的心理素质和行为习惯。

思想家塔勒布提出了"黑天鹅"这个词，用来形容那些我们无法预料到的随机事件。他在《反脆弱》一书里提供了"黑天鹅"事件的应对之道。

他把事物分成以下三种。

脆弱的　　反脆弱的　　强韧的

第一种是脆弱的，比如玻璃杯，它掉到地上很容易摔碎。

第二种是强韧的，比如钢板，在大多数情况下它都很稳定，但在过度使用、加热的情况下它会变形，甚至折断。

第三种是反脆弱的，比如风中的火苗，它看上去很脆弱，但它却很难被吹灭。有时风越大，火烧得越旺。

未来是一个变革加剧的时代，特别是AI等新技术会给经济和整个社会带来非常大的冲击。如果我们固守已有的技能，固守已有的资源，拒绝改变，那我们说不定就会被淘汰。但我们可以做的是增强自己的"反脆弱性"，接受世界的无常，培养自己在变化中受益的能力。

就像塔勒布说的："你要成为火，渴望得到风的吹拂。"

当然了，学校教育依然有非常多的优点，比如它会培养我们的基础素质，会培养我们和人打交道的能力。

但我们心里需要明确一点，离开校园进入社会后，我们需要面临一次"重生"，这次重生，意味着我们要升级自己的能力模型，升级自己的思维方式，升级自己的人际交往圈。

思维方式

能力模型

人际交往圈

请注意，这种升级并不是随着年龄增长而自动完成的，很多人可能工作了几年，甚至几十年，认知依然停留在学生时代。

从学校到社会是一次巨大的飞跃。在这个过程中，我们要学习新的规则，要适应商业社会的规律。

当你完成这次飞跃以后，你就成了一个值钱的人，你就启动了自己的富足飞轮。

2.1 培养"技能树"，让自己越来越强大

如果把人比作一家公司，那么两者有什么相同之处呢？

最基本的一点就是，公司运营需要资本，而人也如此。一家强大的公司会有很强劲的资本实力，支持它去研发新技术、发展新业务。资本市场对一家上市公司进行估值的时候，经常会把企业的净资产作为核心的判断指标。简单来讲就是，净资产越多，企业越值钱。

这一点，迁移到人身上应该怎么应用呢？一个人的资本怎么衡量？20世纪60年代，美国经济学家舒尔茨和贝克利提出了人力资本理论。这个理论认为，企业界有两种资本：一种是物质资本，比如厂房、机器设备、土地和证券等；另一种是人力资本，这是体现在人身上的资本，具体表现为人身上的各种生产知识、管理技能及健康素质的总和。

更重要的是，你可以通过不断地接受教育和技能培训来提高自身的人力资本，从而增加收入和就业机会，这是个人在市场经济中创造财富的底层规律。

你可能会想，我经过了九年义务教育，又接受了高中、大学教育，为什么还要不断学习，难道我的能力不够吗？

真相是，学校教育培养的能力在市场经济中确实不够用。学校教育偏重于对记忆力的训练，要求学生掌握考试所需要的知识；而在社会中，我们需要的是能够解决问题、创造价值的能力。那么，该怎样去提升这些能力呢？

你应该培养一棵自己的"技能树"，这棵技能树包含两部分：树干部分是最核心的三项通用技能，树枝部分是你愿意钻研的特殊技能。

树枝部分是你愿意钻研的特殊技能

学习力 —— 提升自我、做对决策的根基

表达力 —— 影响他人、促进协作的核心

行动力 —— 勇敢向前、改变世界的武器

不论你从事什么行业，具体做什么工作，有三项通用技能都是最核心的要求，那就是学习力、表达力、行动力。

学习力是提升自我、做对决策的根基；表达力是影响他人、

促进协作的核心；行动力是勇敢向前、改变世界的武器。

它们就像一棵树的树干，只有树干强健，树木才会茂盛生长，变成参天大树。这三项技能彼此之间有很强的关联，相互支持，相互促进。

这三项技能遵循"短板理论"，也就是说，如果你的这些元技能有任何一项存在一些欠缺，那么都会影响你的发展。就像盛水的木桶一样，它由许多块木板构成，盛水量由木板共同决定，如果其中一块木板很短，那么木桶的容积就会被大大地限制。

我们经常看到一些现象，有些人在某个领域很厉害，但是在社会中发展得并不顺利，这往往是因为他们在这三项通用技能上有所欠缺。

那么这三项通用技能，该怎么去培养呢？

先看学习力。学习的本质是正确地管理知识和信息，具体包括三部分：吸收知识、处理知识、运用知识。我们把这三部分做好，就能大幅提高自己的学习力。

在吸收知识方面，最重要的一件事就是不能成为信息的被动接收者，而是要主动筛选优质信息。

英语中有这样一句俗语：Garbage In, Garbage Out！意思是，如果输入的是垃圾数据，那么输出的也会是垃圾结果。

对于现代人来说，最大的一个问题是生活中的垃圾信息太泛滥。每天打开各种手机App，就会有无数人想要获得我们的注意力。我们在互联网上看到的信息，80%都是各种各样粗制滥造的内容，要么过于偏激，要么过于主观，要么夹带利益。

所以最重要的一步，是切断你和这些垃圾信息之间的联系，花更多的时间去获取那些优质的信息。

根据信息的可信度和权威性，可以把信息源分为一手信息源、二手信息源、三手信息源；从结构上，可以将信息划分为一个"信息金字塔"。底层的是一手信息，主要是学者、科学家、顶尖专家的研究成果，具体形式是论文及相关著作。中间的是二手信息，主要是对一手信息的介绍，或者是来自作者的亲身实践，具体形式包括优质的新闻报道、面向大众的畅销书，以及一些高质量的网络文章。顶层的是三手信息，主要是对二手信息的再度加工，常常以博取眼球为目的，常见于各种社交媒体账号。

越是底层的信息，其知识密度越高，但说实话，理解的难度也越大，特别是一手信息，其往往是面向学术圈的，外行人看起来难度很大。

所以我们可以做的事就是，尽量减少三手信息的消费，多关注优质的二手信息。

以投资为例，如果你想成为一个优秀的价值投资者，"巴菲特致股东信"就是底层的一手信息。巴菲特完整地阐述了他是怎么思考商业、做出投资决策的，但是阅读股东信需要一定的财务知识基础。

如果你觉得阅读股东信有难度，那么你可以阅读一些优秀投资者介绍巴菲特投资思想的著作。相比之下，在网络上看各种关于巴菲特的零散文章，是一种投入产出比极低的行为，因为这些文章不系统，无法构成知识体系，而且可能包含各种错误。

在培养思考能力的过程中，养成阅读习惯是至关重要的一件事。因为每一本书的出版，都经过了严格的审校流程，相对来说质量有保障，特别是那些评分高、出版时间久的书，更是经过了大众眼光的验证。

在阅读的过程中,有一类书特别值得重视,那就是顶尖专家写给大众的科普书,可以称之为1.5手信息。

比如诺贝尔经济学奖得主丹尼尔·卡尼曼写的《思考,快与慢》,这本书成了行为经济学方面的经典理论,对于我们普通人了解思考决策系统也非常有帮助。很多人一直好奇,为什么有些看上去很聪明的人也会做蠢事。读完这本书你就会明白,许多人即使智力超群,但是在做决策的时候也会因为所用的系统不对而产生很不好的结果。我刚毕业没多久就读了这本书,读完以后,我更加清晰地认识到了人类思维的局限性,也因此摒除了对权威的迷信。

当我们吸收了优质的信息后,大脑中就会有非常好的养料,它们会让我们越来越聪明。

吸收知识是第一步,接下来是处理知识。很多人花了大量时间去阅读,最后发现生活没有改变,原因就是在这一步没有做好。

要想让信息真正进入我们的大脑并内化成知识结构的一部分,就需要对信息进行深度咀嚼,让它为我们所用。

在这方面,我在多年实践后,最推荐的一个方法就是"费曼学习法"。费曼是20世纪最重要的科学家之一,他在理论物理学方面的研究从根本上重塑了我们对宇宙的理解。费曼24岁加入曼哈顿计划天才小组,参与研发原子弹;47岁时,他因为发明了"费曼图"而获得诺贝尔奖;他还是第一位提出纳米概念的人。在生活中,他是一个创造力极其丰富的人,他自学了打鼓、开保险箱、人体写生,还会破译玛雅文字。

为什么费曼可以在那么多领域都取得成就？因为他是一个极其善于学习的人。后来人们把他的学习方法归纳为"费曼学习法"。什么是费曼学习法？具体来讲可以分为以下四个步骤。

第一步，学习一个概念或知识。

第二步，用你自己的话将学到的知识教给外行人，甚至是小学生。

第三步，在教的过程中查缺补漏，检查知识盲区和理解不深刻的地方。

第四步，将知识简化，让人更容易理解。

看完这四个步骤，你是不是开始理解，为什么很多时候你读了很多书，却无法过好这一生。因为大多数人只停留在第一步，如果只经过了第一步，那么信息和知识在我们大脑中停留的层次将非常浅，没有和我们既有的知识结构联系在一起，过一段时间就会被遗忘。

费曼学习法的精髓是第二步，教是最好的学，输出会倒逼提高输入质量。在我听说费曼学习法之前，我就一直在践行类似的学习法。这些年对我帮助最大的一个习惯就是分享，每当我学习一个知识点，我都会和身边的朋友交流。这种习惯引发了很多让我意想不到的结果。

2018年，我在腾讯上班的时候读了几十本关于投资理财的书，于是我开始帮同事们做理财咨询，分享我学到的知识。在做咨询的过程中，大家遇到很多现实的问题，这些问题是我读过的书所不能解答的。比如，很多经典的投资书都提到，从过去30年的数据来看，美国投资者投资标普指数基金会产生8%左右的年化收益率，因此，我当时向朋友推荐买指数基金。这时就有朋友提出问题：美国的市场和中国的市场环境一样吗？在中国买指数基金是否能够取得类似的效果？

因为被问到这样的问题，我就再深入地研究。后来我就明白了，并不是任何国家的投资者都适合投资指数基金。投资一个国家的指数基金的前提是，这个国家和平稳定，经济持续增长。

以中国最具代表性的沪深300指数为例，从2005年4月到2023年7月，在将近20年时间里，沪深300指数的年化涨幅是7.63%。在输出的过程中，我对于投资理财的理解大幅提升，后来我就撰写了《我们终将变富》这本书。

当你在输出、分享、教学的时候，会产生很多副产品，这些副产品可能是一门课程、一本书，或者是别人对你的信任。其中最重要的副产品，就是你会真正理解一个知识点，掌握一个概念。

在践行费曼学习法的过程中，千万别把教当作一件特别严肃的事，别以为只有在课堂上成为老师才能教。

实际上，教的本质就是分享知识，让别人听懂。不论是针对你的家人、同事、朋友，还是小孩，你都可以随时随地教。当你分享得越多，你大脑中的知识网络就会越清晰，你能够真正处理的知识和信息也会越来越多。

费曼说，在我们探索宇宙的同时，不要忘了我们也在探究自己的大脑。通过对信息的深度处理，我们的大脑将得到完善，我们改造外部世界的能力也会大幅提高。

当我们吸收了优质的信息，并且把信息内化为知识以后，还有一个核心的步骤，就是运用知识去改变我们的生活。

请注意，这里的关键词是"改变"。如果我们所有的学习都停留在书本、笔记上,而没有对现实生活产生影响,那么这样的学习就是无效学习。如何让学习到的知识更好地促进改变呢?

这里有两个关键词,一个是问题意识,一个是微习惯。

问题意识
就是你要在工作和生活中,有意识地列出自己长期关心的"问题清单"

微习惯
就是列出每天可以做的"行动清单",逐渐让这些行动变得不需要思考就能立刻完成

问题意识,就是你要在工作和生活中,有意识地列出自己长期关心的"问题清单"。每当你学习一个知识点的时候,就去想一想,它和自己关心的问题清单有没有重合的地方,可以怎么为自己所用。

比如,当我在职场上班的时候,我的长期问题清单里面包含这些问题:

- 打工人怎样找到热爱的事业方向,并且赚到钱?
- 怎样成为一个成熟的投资者,实现长期投资盈利,让自己的时间更自由?
- 财富和幸福之间是怎样的关系,如何同时得到这两样东西?

对这些问题的探索,我花了好几年的时间。在那几年里,我的学习基本围绕这些方向,而且每每学习到相关的知识,我就会去实践。你在读的这本书,就是我对这些问题的回答。

在学习知识以后,我们还需要培养日常的微习惯。所谓微习

惯，就是列出每天可以做的"行动清单"，逐渐让这些行动变得不需要思考就能立刻完成。

在我探索人生使命的过程中，《纳瓦尔宝典》这本书发挥了非常重要的作用。纳瓦尔是硅谷的著名风险投资家，他提出创造财富需要用到杠杆，每个人都可以用的杠杆就是影响力杠杆，比如通过写作积累用户信任。

在读到这本书之前，我的写作纯粹是出于兴趣爱好。读到这本书以后，我意识到，写作可以成为一个事业方向，为自己带来无限可能。所以，从那之后我就更加坚定地每天写作，不论工作有多忙。

你所学习的每一类知识，不论是财务、健康、项目管理，还是写代码，都可以提炼出一些微习惯，让你在日常中反复实践。

学习力是我们自我进化的核心，它是一个人的独舞，接下来我们要锻炼的是表达力，表达力是我们和他人产生深度互动的基础。

生活中有一些能说会道的人，虽然专业能力不是最强的，但因为善于沟通和表达，他们常常容易获得更多的机会。生活中还有一些人，专业能力不错，但因为不喜欢沟通和表达，所以在职场中容易碰壁。

你觉得自己属于哪类人呢？

如果你是第一类人，那么恭喜你。如果你是第二类人，也别担心，因为我曾经也是这样的人，后来我通过练习，在表达力方面产生了很大的变化。

提升表达力，最核心的因素是什么呢？

我认为，最核心的是破除三个误区。这三个误区阻碍了我们的表达进化之路。只要打破这三个误区，每个人都可以成为优秀的表达者。

影响表达力的第一个误区，专业误区。

你可能会想，我走专家路线，核心是把事做好，提升专业能力，表达力应该没那么重要。

这种想法大错特错，在任何一个行业、任何一个领域，表达力都很重要。因为人类是社会性动物，没有人可以靠单打独斗获得成功。就拿科研行业来说，这个大多数人以为拼智力的领域，其实表达、沟通、协作在其中也非常关键。

有一位著名的计算机科学家理查德·汉明，他是图灵奖得主，1986年3月，他给贝尔通信研究中心的几百位科学家做了一次演讲，名为"你和你的研究"。他试图去解答这样一个问题：为什么有的科学家做出了影响深远的重大成果，但其他人的成果都被历史遗忘了？

这篇演讲稿值得所有从事创造性工作的、认为自己有专业技能的人读好几遍，特别是以下部分。

做完一件事还不够，你还得把它"贩卖"出去。

- 对于一个科学家而言，推销是一件棘手的事。这很讨厌，你本不该做这件事，世界就该等着，当你做成某件大事时，人们就该赶快出来主动迎接。但是，事与愿违，每个人都忙着他们自己的活儿。你必须很好地主动介绍，使得他们能把手头的活儿放在一边，过来瞧瞧你的东西，理解它，然后回过头来说："是，这玩意不错。"而现实是，即使你发表了研究成果，可只要读者们把你的文章翻过去，不停下来读它，你就会竹篮打水一场空。

- 你得将文章写好、写清楚，以便人们愿意看；你必须学会发表相当正式的发言；你还必须学会开展非正式的谈话。我们有不少所谓的"后排科学家"。在一个会议上，他们更愿意闭口不谈，他们不愿站在一个"炙手可热"的会议中央，在大庭广众之下说："我们应该做这件事，为了这些原因……"你必须掌握这种形式的发言，随时准备发表演说。

- 我刚开始做演讲的时候，非常非常紧张，几乎表现出生理上的病态。我意识到，我得学习做演讲，否则整个职业生涯都不会有很好的发展。我一定要做一场非常好的演讲，一个真正符合听众需要的演讲，不只针对专业人士，更针对更广泛的听众。

最后，他强调："研究只需要花50%的时间，另外50%的时间用来表达，这是一个非常大的占比。"

在高精尖的科研领域，表达都应该占据50%的时间，更何况在商业领域中呢？你应该花费更多的精力去表达。

在职场中，很多人闷头干活，和领导、同事沟通很少，这样一来别人对他的了解就比较少，信任度也不够。改变这种状况的核心在于自己，要让自己成为一个更开放、更积极的表达者，不论效果怎样，先投入50%的时间再说，只要三个月，你就会看到改变。

影响表达力的第二个误区，内向误区。

你是不是也有这样的困扰，感觉自己天生性格就比较内向，不太擅长跟人沟通，然后在这方面的投入就越来越少。我曾经就这么想过，也曾经踩过这样的大坑。但实际上，内向、外向主要是一种性格倾向，其并不和表达能力直接挂钩。所谓内向，是指一个人喜欢独处，在安静中获得能量；所谓外向，是指一个人倾向于扎堆，在和人的交往中获得能量。

内向的人也可以擅长表达，我见过很多人，他们的工作需要很多的表达沟通，比如销售、咨询顾问、自媒体大V，他们做得很出色，但实际上他们都是内向的人。表达是一种技能，你只要不断练习，就可以不断进步，越来越好。

影响表达力的第三个误区，完美误区。

很多人不敢表达、羞于表达，生怕自己讲得不够好、不够完美。抱着完美的心态去表达，你就会发现自己永远准备不好。在表达中出现问题是正常的，在表达前产生恐惧也是正常的。比如我自己已经做过很多场直播，也做过很多次线下演讲，可每当遇到一个重要的表达场合时，我依然会感到紧张，依然会有心跳加速的感觉，甚至在表达的时候依然会出差错。但这些都不重要，重要的是你在做。

之前提到的费曼学习法，为我们创造了每时每刻表达的机会。在一天中的很多时刻，你都可以练习表达，不论是和同事在茶水间相遇，还是和家人吃晚餐，抑或是参加小组讨论，你都可以成为一个勇敢的表达者。

每次表达，不论长短，只要你开口，你就是胜利者。

我大学时转专业到了新闻系之后，为了让自己更好地融入新闻系集体，我在竞选班长的时候第一个主动报名，尽管当时我连班上大多数同学都不认识。我现在还记得，那是一个阶梯教室，我坐在最后一排，从后排走到讲台大概有十几米，等我上台发言的时候，我藏在桌下的腿不断地颤抖。我不记得自己讲了什么，但我记得讲完以后，同学们给予了热烈的掌声，我也顺利地当上了班长。因为当班长，我在半年内就和同学们有了比较密切的联系，也很快地融入了新环境。

当你提升了学习力和表达力以后，剩下最重要的一件事，就是提升行动力，用行动创造未来。

想要提升行动力，有两个重要的方法：一个是分析不行动的风险，另一个是降低行动的难度。人类是习惯恐惧的动物，因为在原始社会，人类所处的环境确实很危险，一旦你远离族群，你就有可能被野兽吃掉。如何对抗行动的恐惧呢？首先要全面地了解行动的风险。

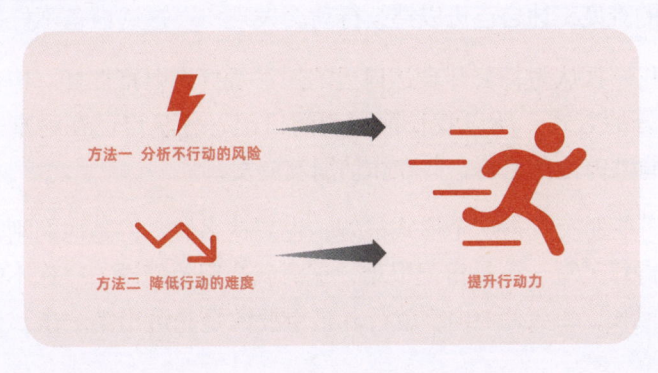

举个例子，你现在想申请一份工作，或者想认识某个人，你想要主动去做，但又感到害怕，这时候，你可以列出以下四个问题，然后自我回答。

（1）做这件事，最大的收益是什么？

（2）做这件事，最大的风险是什么？

（3）我可以通过什么方式降低风险带来的负面影响？

（4）如果不做这件事，最大的风险是什么？

大多数人的思考停留在第二个问题，一旦考虑到风险就停滞不前。但是，我们可以通过第三个问题来思考预备方案，更重要的是，可以通过第四个问题来提醒自己：如果止步不前，那么也有负面影响。

如果你不去申请一份理想的工作，那么最大的风险是错过一个改变人生的机会；如果你想认识一个人，但又不敢上前，那么最大的风险是你可能会失去一个好朋友。

不行动也会带来风险。

当我们看到了行动的全局，特别是了解到不行动的风险以后，我们就会勇敢向前。这个时候，还有一个关键步骤就是降低行动的难度，让自己可以持续行动。

我一直认为，公开表达自己的想法是打造财富杠杆、信任杠杆最好的方式，所以我长期写晨间日记，分享自己在财富、成长、育儿方面的心得，并在微信朋友圈发布。

有些朋友觉得这个形式很好，也想这么做，但是他们刚开始总觉得每天写一篇长日记很难，这时我会跟他们说："你不需要写得很长，每天写100字就行。最重要的是先迈出第一步，让自己的阻力变小，这样才能长期坚持。等到养成习惯以后，自己自然就会愿意多做。"按照这个方法论，我目前已经影响了几十个朋友每天写晨间日记。

在人的"技能树"当中，学习力、表达力、行动力是最核心的主干。在刚毕业的时候，这是你重点打磨的对象，你的技能越强，你就会越值钱，也就越容易找到好机会。

即使你工作了10年、20年，这三项技能依然可以不断提升，助推事业和财富的发展。

那么有了这三项核心的、通用的技能，就够了吗？

答案当然是不够的。

人的技能树可以归纳为"3+X"，3是指学习力、表达力、行动力，X是指1~2项特殊技能。

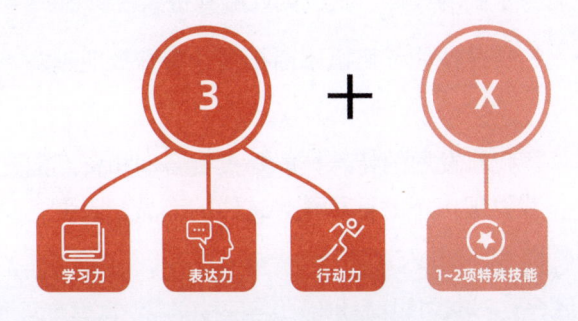

因为通用技能只能保证我们做任何事都做得不错，要想获得独特的竞争力，还需要有1~2项特殊技能。

请注意，特殊技能并不是指特异功能，而是指那些有一定专业性，而且你做得比别人好的事。

比如擅长做PPT是一项特殊技能，擅长销售是一项特殊技能，擅长投资是一项特殊技能，擅长K歌也是一项特殊技能。

当你的身上有特殊技能时,你在人群中就是闪光的,很容易被别人发现。

在分析一个企业的时候,我们经常用到一个词,叫作"护城河"。护城河就是你可以做到的且与别人有差异的事,竞争对手无法轻易模仿。对个人来说,特殊技能就是你的护城河。

从上学开始,我最常用到的特殊技能就是写作,我可以写得比大多数人好,高考语文作文得了58分,还被选为优秀范文,在媒体上公开发表。但我没想到,这项技能对我的职业产生了意想不到的帮助。

刚毕业时,我一直想去顶尖的互联网大厂看看,但是我不懂技术,又不懂产品,看上去机会很小。后来因为朋友推荐,我发现了一个特别的岗位,就是为腾讯高管撰写内容。这个岗位感觉就像为我量身定制的一样,我也因此顺利进入了腾讯。

每个人的特殊技能都可以不断拓展,特殊技能越多,竞争力就会越强。

这几年,我新发展的特殊技能是投资咨询和资产配置,因为这些技能,我发展出了财富私董会这样的产品,吸引了一群高信任用户。

你可能会想:我该选择发展哪些特殊技能呢?这里有两个方向。

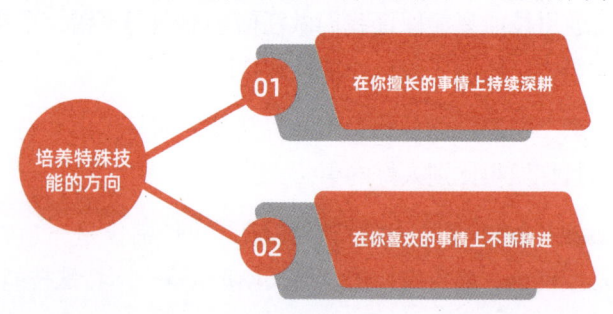

培养特殊技能的方向
01 在你擅长的事情上持续深耕
02 在你喜欢的事情上不断精进

培养特殊技能的第一个方向，是在你擅长的事情上持续深耕。

这里的擅长不是指你要比全中国99%的人做得好，而是指比你身边的人更有优势。

比如在你的部门里，你是数据分析能力最强的人，那你就可以尝试把这项技能发展成特殊技能，不断精进，慢慢成为整个公司数据分析能力最强的人，甚至成为整个领域的专家。

读到这里的你，一定在某些事情上比身边的人做得更好，请你拿出纸笔，认真地写一写——在你过往的人生中，你有哪些事情做得不错，比身边的人更厉害一些。

你可以从求学开始梳理，一直梳理到现在。这个问题的答案，既关系到你如何培养特殊技能，又会帮助你找到人生的使命和方向。

在处理的过程中，你可能会发现自己擅长的事情比较少，或者擅长的事情很多但不知道该如何取舍。这时候，你可以发掘自己的热爱。

培养特殊技能的第二个方向，是在你喜欢的事情上不断精进。

热爱会产生无穷的驱动力，如果你喜欢做一件事，你就会更愿意为之投入时间，长此以往，你就会比别人做得更好，在这个过程中你会享受到心流的感觉。

我们所喜欢的事情可以分为两种：一种是创造型的，即你的成果会帮助到其他人，比如你喜欢烹饪，可以让其他人吃得开心；另一种是消费型的，主要是让自己开心，比如你喜欢旅游。

有些人会担心，我喜欢的事情都是消费型的，比如说我爱旅游、爱美食，那我能把它们培养成特殊技能吗？

当然可以，只要经过转换，就可以把消费型技能培养成创造型技能。

比如说你爱旅游，那么在旅游的过程中，你就可以尝试用文字、图片或视频去分享你看到的风景，表达你的感受，这样你就让无数远方的人和你一起分享了此刻的喜悦，从而创造了价值。

我身边就有这样的朋友，他喜欢自己旅游，后来通过创作旅游内容成了自媒体博主，然后就放弃了著名会计师事务所的工作，一边旅游一边赚钱，生活很惬意。

如果你喜欢美食，那么你可以分享自己吃过的美食，加上你的独特感受，自然而然地帮助商家带货。

到这里，你也会明白，为什么表达力是人的通用技能，因为在各行各业中，表达力都是非常重要的工具，是放大人生价值的强力武器。

在培养人生"技能树"的过程中，我们有一个很重要的心态，就是不要做工匠，而是要做园丁。

做工匠就是非常清晰地规划，每件物品都要做到100%合格；而做园丁就是创造好的环境，让树木吸收阳光雨露，自由地生长。

我们没办法从一开始就规划"技能树"的生长方向，我们甚至无法知道10年后、20年后我们会"长"出怎样的特殊技能。所以要保持好奇,在自己擅长的事情和喜欢的事情上不断尝试,持续迭代,这是最好的成长方式。

就像乔布斯所说的:"人生所有的经历,就像一颗颗珍珠,当你在未来某一时刻找到了那根线,你就会把它们全部串联起来,变成美丽的项链。"

2.2 培养"高效能",让自己的潜力最大化

你在生活中有没有见到过这样的现象:有些人能力很强,但是取得的成果比较少。

上节所说的"技能树",就像我们身怀的绝技,如果不把它用好,不在现实生活中施展出来,那么就是浪费。

那怎样才能让"技能树"充分地生长,为这个社会创造更多价值,为自己创造更多财富呢?

最关键的是,我们要成为一个"高效能"的人。时间对每个人都是公平的,每个人的一天都只有24小时,但是在获得的成果上却有天壤之别。

在这方面有很多经典的图书,比如《高效能人士的七个习惯》《搞定》,有些方法在如今这个充满变化的时代已经不太适用了,但有些核心方法却历久弥新。

过去十年,我在时间管理、精力管理上做了大量的探索,因为我一直想知道如何把单位时间的产出提高,在实践的过程中,我认为有三个方法非常管用。

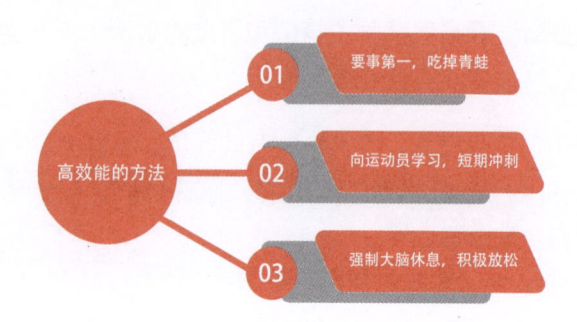

```
高效能的方法
  01  要事第一,吃掉青蛙
  02  向运动员学习,短期冲刺
  03  强制大脑休息,积极放松
```

高效能的第一个方法,要事第一,吃掉青蛙。

这句话听上去有点儿像废话,但实际上,真正能做到的人非常少。

在经典的时间管理理论中,会把事情按照重要和紧急两个维度,划分成四个象限:重要且紧急、重要不紧急、紧急不重要、不紧急不重要。

```
              重要
               |
  重要且紧急   |   重要不紧急
               |
  紧急 ————————+———————— 不紧急
               |
  紧急不重要   |   不紧急不重要
               |
             不重要
```

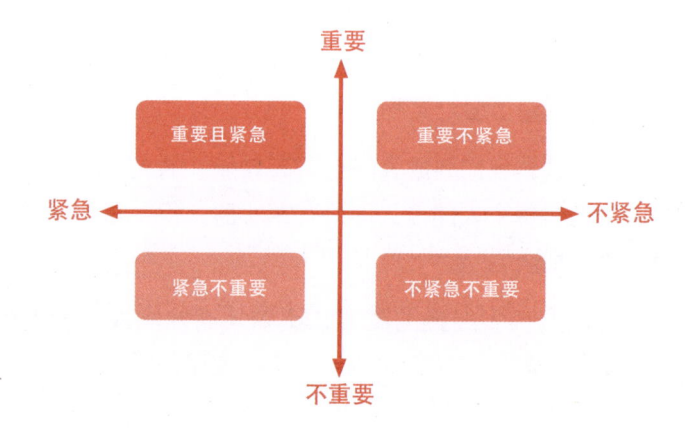

据说是美国前总统艾森豪威尔发明了这种分类法,所以该结果也被称作"艾森豪威尔矩阵"。

听上去是不是很系统?但在实际应用中,我觉得效果很差。

因为分类太多，你反而容易混淆，失去重点。比如不紧急不重要的事情，完全可以从大脑中将其删除，因为等到它变得紧急或重要的时候，它会自然而然地来找你。

根据我的经验，我发现日常生活中只需要关注两类事情——紧急的事情、重要的事情。

紧急的事情，是那些会影响你一天、一星期、一个月的事情。

重要的事情，是那些会影响你一年、十年，甚至一辈子的事情。

举个例子，完成报销、写周报、搞定手机的某个问题、维修家里的空调……这些都是紧急的事情。学习新技能、养成表达的习惯、每周运动两次、在熊市的时候持续定投……这些都是重要的事情。

为什么会有那么多人遇到中年危机呢？

对于一个工作了5～10年的人来说，让老板开心、继续升职加薪，是紧急的事情。但这件事的上限极其有限，再怎么优化都是在螺蛳壳里做道场。这时，重要的事情就显现了，比如探索人生的第二曲线、找到人生的真正方向……

解决40岁中年危机的时间点出现在30岁或35岁，但大多数人都把时间用在了紧急的事情，而不是重要的事情上，所以等到危机真正到来的时候，已经为时太晚。

比较庆幸的是，我在28岁的时候因为帮同事做财务咨询，所以提前看到了40岁同事的生活状态，清醒地感知到，应该早一点儿为将来做准备。

有部分科学家认为，在原始时代，人们的寿命很短，经常受到野兽的袭击，而且常常吃了上顿没下顿，所以人们天然地就只关注紧急的事情，换句话说，人们养成了"短视"的习惯。

在原始时代，短视是一种正确的策略。但是在信息时代，人们的预期寿命已经将近80岁，而且每个人的一生中都可能要换多个行业、换多份工作，所以我们应该变得更加"长期主义"，更加关注重要的事情。

你可以回顾一下，过去一天，或者过去一周，在你所花费的所有时间里，有多少时间被用来做紧急的事情？有多少时间被用来做重要的事情？

我刚从大学毕业的时候，在媒体行业工作。当时为了锻炼自己，我选择了销售岗位。一个刚毕业的大学生，比较内向、脸皮薄，又没有客户资源，可以说起步期很不顺。

最难的一件事，就是给陌生客户打电话。当被客户拒绝时，我会有一种羞愧难当的感觉，怀疑自己为什么选择这样的工作。所以每天上午我都会比较抗拒做这件事，甚至磨蹭到下午才开始打第一个电话，打完第一个电话如果遇到不顺的情况，还要做心理调节，可能要半小时以后才能开始打第二个电话，一天下来，进展非常慢。

后来，我看到一个时间管理方法，叫作"吃掉那只青蛙"，即每天早晨用第一个小时来做最重要且最不愿意做的事情。

然后我就列出了我的"那只青蛙"，就是每天上午打20个陌生电话。一个电话结束以后，不论结果如何，迅速拨打下一个。

后来我慢慢发现，销售成功是推销人数超过一定量的自然结果。人群中大多数人不需要你的产品，但有少数人需要，然后这其中又有一小部分人愿意从你这里购买。

只要保持前进、保证数量，不断迭代，自然就会产生业绩。

所以要做到要事第一，最简单的方法就是好好利用清晨的第一个小时，一定要将它用来做长期且重要的事情。

工作几年后，当我在探索人生的第二曲线时，我会比其他同事早来到公司一小时，用半小时集中精力写作，再用半小时研究一些新技能、新知识。

你把时间投在哪里，结果就在哪里产生。如果你口头说一件事很重要，但没有把它放在你日程表的最前面，那就说明它并不重要。

安排好了每天的第一个小时，那么在其他时间里该怎么提升效能呢？

高效能的第二个方法，向运动员学习，短期冲刺。

现代人面临的最大问题，是注意力不集中，因为智能手机的出现给我们带来了太多诱惑。

绝大多数人在工作的时候总是做一会儿正事，玩一会儿手机，发一会儿呆，看上去很忙碌，但不知不觉时间就过去了，也没有产生太多成果。

我们要向运动员学习，学会冲刺，因为只有短期的冲刺，才能极大地提升效果。

最简单的方法就是使用番茄工作法。使用番茄工作法时，会设置一个个番茄钟，每个番茄钟对应30分钟。每次集中工作25分钟，在这个过程中不受其他事务的干扰，只专注于手头的工作，在每个番茄钟的间隙，休息放松5分钟，比如看看窗外。

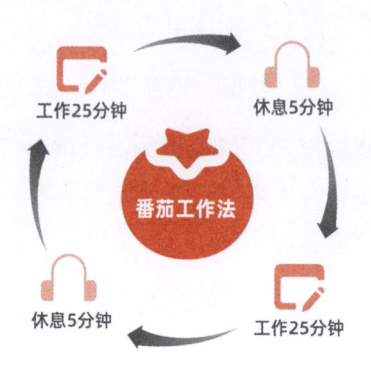

工作25分钟　休息5分钟

番茄工作法

休息5分钟　工作25分钟

你会看到有无数的成功人士在推荐番茄工作法。为什么这样一个简单的方法会有如此强大的效果呢？因为大脑的运作需要"启动时间"，它就像燃油车的发动机一样，需要预热一下，才能发挥最大的效能。

举个例子，比如你在写一个重要的方案，当你开始工作的时候，前5分钟大脑需要吸收信息，只有进入工作状态后，大脑才能高效思考。

如果你每隔10分钟就停下来干点儿其他事情，然后再重新开始写方案，那么大脑又要再去预热。

当你使用番茄工作法以后，你会发现一个神奇的现象，就是每天聚精会神从事脑力工作的番茄钟的数量一般是5~6个，很难超过8个。

因为高强度的脑力工作是非常耗费能量的，而且要求整个人的精力状态保持在一个比较高的水平，一般到了下午四五点，大脑的运作效率就很低了。所以对大多数人来说，最好把脑力工作都安排到上午，把最重要的工作做完，然后下午用来做一些沟通、协调类的工作。至于晚上，大脑基本就不太工作了，很多人大晚上加班加点，但实际上效果可能很差。

如果你每天都能做5~6个高强度番茄钟工作，那么你会发现，一周能够产出非常多的成果，如果你想要长期持续地保持高效状态，就需要做另一件事。

高效能的第三个方法，强制大脑休息，积极放松。

谈到休息，很多人的第一反应是玩手机、刷短视频、打游戏。

其实对于大脑来说，这些休息方式的效果微乎其微，因为它们都属于被动放松，实际上，大脑仍然被各种信息刺激着，很难停止运转。

你有没有这样的感觉：晚上9点到家，想犒劳自己一下，于是刷了一小时短视频，结果脑子更晕了，内心也非常空虚。

让大脑休息的最好方式，就是去运动。运动的时候，我们的注意力被强制拉到身体动作上，然后就会关掉摄取外部信息的阀门，让大脑的活跃度降低。

在腾讯工作的时候，有一段时间因为项目很多经常加班，我感觉特别累，甚至觉得自己快撑不下去了。然后我就培养了一个习惯，每个周日找朋友一起去打两小时羽毛球。每次打完球，出完汗，我就感觉大脑放空了，多余的信息被排掉了，一身轻松。

所有的竞争，到最后都是体力上的竞争。养成每周运动1~2次的习惯，不仅是保证身体健康的法门，也是保证大脑高效运转的秘方。

在工作日的时候可能没时间运动，这时候要想让大脑得到积极的休息,有一个好方法就是散步。

散步能让身体得到轻微的活动,让你从办公室熟悉的环境中解脱出来,看到更多自然景物,得到阳光的滋养,除此之外,它还有额外的好处。

有一个关于思考的重要真相——人的思考分为两种类型。

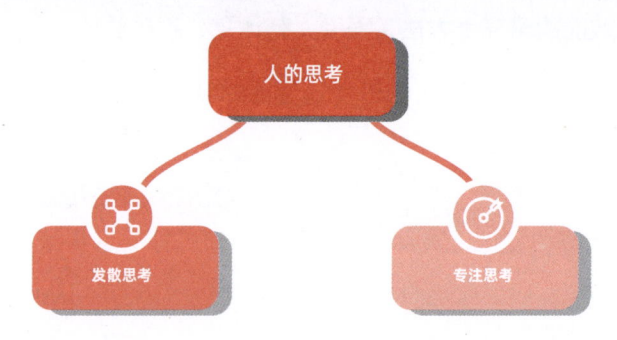

```
            人的思考
           /        \
      发散思考      专注思考
```

第一种是发散思考,就是你需要把各种各样的知识连接在一起,创造出新的结构;第二种是专注思考,即你有了明确的方向,把具体的内容呈现出来。

在做发散思考时,如果光坐在办公室里,对着屏幕干瞪眼,即使腰坐断了,可能也不会有显著的效果。这个时候,如果能让自己身处一个新环境中,受到各种有意思的因素的刺激,就会产生非常神奇的效果,很多科学家都喜欢在散步的时候思考。

如果你在思考人生方向或公司战略,如果你在想一个新的方案,如果你在规划一件没有做过的事,那么千万别坐在办公室里,多去外面走走。

比如,当我在写这本书遇到卡点,感觉结构不清晰的时候,我就会去楼下散步。走半小时到一小时,很多问题就想通了。

等到我把结构厘清，我就会回到办公桌前，开启番茄钟，全力冲刺。

2.3　打造社交网络，积累关键资产

一个人在成长成才、创造财富的过程中，主要靠什么呢？

很多人会说，靠自己的能力。这是在传统教育体系下，许多人的标准答案。本章的前两节探讨的主要是个人能力。培养"技能树"是指提升可以解决问题、创造价值的技能；而"高效能"是指用合适的方式把这些技能充分地释放出来。

但有这些就够了吗？其实远远不够。

马克思曾说过，人是社会性动物，人的本质是一切社会关系的总和。你可能在政治课本上读过这句话，但可能已经忘记了这句话直达本质的穿透力。人是社会性动物，意味着人们要想取得成就，就需要和他人协作。

美国东北大学教授，网络科学研究中心创始人艾伯特-拉斯洛·巴拉巴西提出"成功第一定律"——能力表现可以驱动成功，但是当能力表现不能被精准测量的时候，社会网络就会驱动成功。

举个简单的例子，比如你是跳高运动员，那么这项能力表现就可以被精准地测量。绝大多数竞技运动都是依靠能力表现来决定胜负。但是我们绝大多数人身处的领域，其能力差距没办法被精准地测量。比如一个人的写作能力、领导能力、绘画能力、

指挥能力，甚至是治疗患者的能力，都无法被明确评定出第一名、第二名、第三名。那么在这种情况下，这个人所在的社会网络对这个人的态度，便会决定他是否能成功。

具体来说，你被多少人看见、认可和信任，决定了你的成就上限。

这个现象发生在人类社会的大多数领域中，包括商业界、艺术界，甚至是科研界。特别是在商业界，也就是财富创造主要发生的领域，社交网络非常重要。

比如你发现某个行业非常有前景，某个公司增长迅速，你想加入这个公司，那你是不是能通过里面的人帮你投递简历？

比如当别人发现了一个创业好机会，需要找人帮忙时，他是否能想起你？

以我自己为例，当我毕业几年后想去腾讯工作的时候，如果通过常规的社招渠道，大概率是没有机会的，因为我的工作经历和腾讯并不匹配，HR会把我的简历直接筛掉。

那我是怎么获得腾讯的Offer的呢？其实在一个微信群里，我看到我原来的同事在招聘，刚好我对这个岗位很感兴趣，于是我就主动和他联系，后来他就成了我在腾讯的上司。

一般来说，一个毕业三年以上的人，如果要跳槽到其他公司，获得一份好的工作，最重要的渠道就是找人进行内部推荐。**因此，构建自己的社交网络，遇到更多志同道合的人，让自己被更多人看见，是创造财富中非常重要的一环。**

你所处的社交网络，丰富程度越高，连接越广泛，人际资源越强大，你就越有可能创造财富。

那些身处不同人际资源网络之间的人，就会比只身处一个人际资源网络之中的人迎来更多的机会。在同一个人际资源网络当中，处在越中心位置的人，影响力越强的人，他的成就上限将超过那些喜欢独处的、不善交际的人。

2.3.1　打破社交网络的三大误区

谈到社交这个词，很多人就会把"油嘴滑舌""阿谀奉承"这些词与之联系在一起。还有一个观点很流行——年轻人少做无效社交。有人说：年轻人要多修炼内功，能力越来越强后，其他人自然愿意找你交流。

刚毕业时，我很赞同这套理论。但后来我慢慢发现，对大多数人来说，这套理论可能会把人带到沟里。因为，受传统文化的影响，很多人容易害羞、害怕出丑，最容易遇到的问题不是"社交过度"，而是"社交不足"。

实际上，打造社交网络不等同于施展传统的厚黑学，大多数人要想做好，需要先打破误区，看清真相。

01	打造社交网络不等于搞关系
02	打造社交网络不是有钱人的专属
03	打造社交网络不是外向者的专属

第一，打造社交网络不等于搞关系。

在传统话语体系里，一提到社交，大家就会想到关系和人脉，甚至还有人发明了一个词叫"向上社交"，很多道德感比较强的人对这个词会有天然的排斥感。

我非常理解这种排斥感，因为不论是关系、人脉，还是向上社交，都透露出一种非常功利的感觉——你要抓住某个大人物，和他们紧密连接。

但社交网络的重点是网络，而不是社交。所以你应该做的事，不是去巴结某个大人物，而是通过各种各样的渠道和不同类型的人构建起关系，形成一个丰富的网络。

这些渠道可以是你的兴趣爱好，比如爬山、阅读；可以是你的同事、老乡；也可以是你关注的某位博主建立的一个粉丝群。因为互联网的发达，现代人要找到志同道合的伙伴，比以前容易多了。

比如，麦肯锡原合伙人李一诺和她的先生华章创办了一个公众号——"奴隶社会"，我是这个公众号最早的一批读者，后来也给他们的公众号贡献内容。

这些年里，我加入了"奴隶社会"的作者群和读者群，在这些群里面，我认识了很多朋友，包括我创业以后的第一位全职同事，也来自这个读者群。

当你抱着开放的心态去做社交连接时，你就不会觉得这是一种赤裸裸的交换关系，而是会打开自己，拥抱人群。更神奇的是，用这种非功利的方式去结网，反而会产生意想不到的效果。

美国社会学家马克·格拉诺维特提出了"弱连接"理论，20世纪60年代末，他在对麻省牛顿镇居民找工作的渠道的调研中发现，在受访者的求职过程中，其联系紧密的朋友反倒没有那些平时很少联系或不怎么熟悉的人更能发挥作用。事实上，联系紧密的朋友基本帮不上忙，真正能介绍工作的往往是陌生人。

为什么会这样呢？因为那些和你相熟的人，和你的信息网络基本相同，他知道的信息你也知道，但是那些与你交集不太多的人，往往会有新的信息、新的视角。

第二，打造社交网络不是有钱人的专属。

在社交中，你是否会碰到"自我价值感低"的卡点？就是觉得自己不够牛、不够有钱，对别人来说没有什么价值。我曾经也有这样的困惑，后来我发现，这样的思维会限制自我，导致很多社交的大门被关闭。

在讨论具体的解法之前，我们先来看看社交的本质到底是什么。

社交的本质，就是价值交换。

你是否觉得这听上去很赤裸裸、很功利？别急，价值是主观且多样的，社交的价值交换可以分为三种。

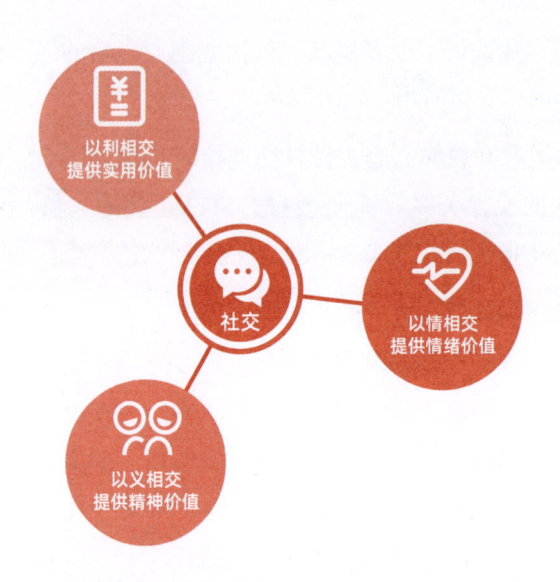

社交
- 以利相交 提供实用价值
- 以情相交 提供情绪价值
- 以义相交 提供精神价值

第一种，以利相交，提供实用价值。

这种价值交换最符合日常生活中对价值交换的定义。比如，你想让别人帮忙，想和他一起合作挣钱，都属于这一种。为什么茅台消耗量这么大？因为每年都有那么多的商务局，需要茅台来圆融气氛，给大家创造谈论利益的舒适空间。

实用价值包括两类：第一类，帮别人挣钱；第二类，帮别人省事。很多人遇到大咖时容易怯懦，觉得自己的财富不如对方，对方就看不上自己。其实不是的，谁还没个烦心事呢？企业家会操心孩子的学习问题，富豪会忧愁稳健的投资方案，大V想找一个靠谱的运营助理……每个人都有需要解决的问题。每个人的身上，都可能藏着解决他人问题的钥匙。

因此，只要你找到自己的能力圈，具备在某个领域帮别人解决问题的价值，你就有可能成为他人眼中的"香饽饽"。

第二种，以义相交，提供精神价值。

小时候，听到"高山流水遇知音"的故事，我特别感动，这是人性中最光辉的一面。在现实生活中，这样的事也常常发生。这些年，我遇到了一些好朋友。最开始交往时，我完全没想过和对方发生什么实际的往来，只是因为欣赏他的价值观和人格，就深感投缘，一见如故。

人生而孤独，这是很多痛苦的来源。但当你遇到志同道合的朋友时，就像一艘船在漫无边际的大海上航行，突然遇到了另外一艘同方向的船，你会不自觉地感叹，缘分是如此神奇。在这一点上，我们要先成为一个"精神富足"的人。多读书，多体验生活，让自己言之有物，这样就增加了认识"挚友"的概率。

第三种，以情相交，提供情绪价值。

还有一种社交，就是一起唠嗑、一起吐槽、一起欢笑。这种社交也非常重要，因为人活在世上难免遇到坎坷，在关键的时候，有人能从情感上支持你，会让你获得足够的动力。

在生活中，我们会观察到一类人，他们很擅长提供情绪价值，简单来说，就是能够让别人开心、让别人舒服。这类人，不论做什么事，都更容易成功。

以上三种价值交换并不是完全独立的，在同一个社交场合中，它们可能都存在。最开始，你可能会在某一类社交上比较擅长。比如，刚毕业时，我最擅长"以义相交"，那时的我总觉得谈利益太俗，谈钱伤感情。后来，我意识到，对大多数人来说，生存和发展是优先级更高的目标。别轻易谈价值观，先从实用角度入手，比较容易破局。

这也是我去研究投资理财的一个重要原因，在深圳这座城市,"搞钱"是最容易引发共同兴趣的话题。你可以自我判断一下,当前你最经常进行哪种价值交换呢?未来,你可以在哪些方面做提升?当我们看清社交的三种分类时,就会多一些清醒的觉察,从而去改正、去补足。

第三,打造社交网络不是外向者的专属。

人天然有两种倾向:一种偏内向,在独处中获取能量;一种偏外向,在和他人的交流中汲取能量。

偏内向
在独处中获取能量

偏外向
在和他人的
交流中汲取能量

外向的人更容易和他人建立关系,但是内向的人只要发挥自己的优势,不断练习社交能力,也可以结交很多朋友。我曾经遇到一些外向的朋友跟我吐槽,说他们的朋友数量很多,但是大多数交流都不够深入,他反而会羡慕我这样的内向者,虽然朋友圈没那么大,但是朋友彼此间了解更深。

从小到大,我一直很内向。我喜欢阅读,喜欢沉浸在自己的世界里,感觉那个世界比现实世界更亲近。幸运的是,因为从小就比较喜欢回答老师的问题,所以我赢得了很多发言、演讲的机会。后来,经过练习,我可以做到在各种场合流利发言,包括在特斯拉和腾讯的工作中,遇到和马斯克、马化腾讨论工作的场合时,我表现得也挺自如。但我知道,我的性格依然是内向的,如果身处一群陌生人当中,我还是会感觉不自在。

现在我已经坦然接受了自己是一个内向者的事实,并且我会把社交沟通这件事和性格分开来看。因为，人类社会的最大特点是社交协作，没有社交能力的人会寸步难行。

这两年，随着讲课机会越来越多，我的社交沟通能力比以前更强了。一些刚认识的新朋友，常常很难相信我是一个内向者。

人类最可贵的能力，就是不断成长、不断进化。每个人都可以放下内心的小情绪，开始构建自己的社交网络。

2.3.2　打造社交网络的关键方法

当我们理解了社交网络的重要性，破除了思维误区以后，接下来就要进入行动环节了。

从今天起，你可以成为一个更加积极主动的人，不断地拓展自己的社交网络。我从一个内向者起步，不断迭代自我，到成为别人眼中的超级节点，有三个核心方法想和你分享。

> **成为别人眼中的超级节点**
> - 做一个靠谱且专业的人
> - 加入优质的社交网络
> - 让自己成为网络节点

第一，做一个靠谱且专业的人。

社交的第一原点是什么？是有钱、有能力，还是长得好看？这些因素都重要，但有一个因素更底层，那就是靠谱。

什么是靠谱？靠谱就是把自己承诺的每件事都做好，不论这件事有多小。

高学历的人有很多，好背景的人有很多，但是靠谱的人没有那么多。我在腾讯工作时经常遇到新实习生，很多都是从世界名校毕业的。但有意思的是，如果请实习生帮忙撰写文案或编辑文章，能够做到无错别字、无标点符号错误的，竟然非常少。

相比于能力，靠谱是一种态度。对于我们生活中的大多数工作来说，只要你认真负责，愿意死磕，你总是能够做好的。检查文章，让文章没有标点符号错误和错别字，这件事难吗？肯定不难，但这件事要做好，就需要更认真、更仔细、更负责。很多人有远大的抱负，希望一开始就做大事，但是我们在成长的早期都是先从做小事开始的。把小事做好，才能迎来做大事的机会。

当你养成凡事靠谱的态度以后，慢慢地，你就会在你的领域内变得越来越专业。所谓专业，其实没有很多人想的那么复杂。专业，就是能够把很多细节都做得比别人更好。

对于每一份工作来说，都会涉及几项专业技能。比如广告商务这份工作，沟通能力就是其专业技能。因为做自媒体，我经常收到很多广告商务人员的消息。有些人申请加我微信好友时，只会说四个字：商务合作。通过好友申请以后，有些人的沟通方式更特别，二话不说直接就问——这个月30号有发文章的档期吗？

这样的沟通就是典型的不专业的行为，以自我为中心，不考虑对方的利益和感受。那么，以沟通为例，怎么让自己变得更专业呢？

答案是，用合适的方式展现价值，创造合作的可能。

合适的方式，是指有礼貌、得体、关注对方的需求。展现价值，是指清晰明白地告诉对方，自己能给他带来什么？

假如我是广告商务人员，找自媒体人合作，那么添加微信好友以后，我会这么发消息：您好，我是×××公司的×××，最近在为××品牌选择自媒体进行投放。您的公众号内容口碑不错，和品牌风格非常契合。我们想看看是否能和您合作？方便告知一下您的广告报价吗？

你可能会想：就是发一条微信，需要整这么复杂吗？

在很多场合，你只有一次机会。如果第一印象没建立好，大门往往就关闭了。做一个靠谱的人，凡事认真，就会赢得他人的欣赏；做一个专业的人，凡事负责，事情干得漂亮，就会给别人留下深刻的印象。当你成为一个靠谱且专业的人后，你就会在熟人圈里形成口碑，每当别人有需要的时候，他就会想起你。

这样的机会，有可能是一起共事做好项目的机会，有可能是换更好的工作的机会，也有可能是找到新客户的机会。

换句话说，靠谱且专业的人，做事的过程其实也是社交的过程，因为别人欣赏你，所以会把你推荐给更多人。

第二，加入优质的社交网络。

与认识某个人相比，还有一个更高效的社交方式，就是加入优质的社交网络，并且充分融入。

有一次我和朋友聊天时恰好打开知识星球，他说："你加了这么多星球啊？"是的，在知识付费上，我花了挺多钱，我知道这些钱有一部分被浪费了。但对于获取信息、社交这样重要的事，我会投入足够多的资源。

我刚毕业到北京的时候，月薪只有5000元，基本只够生活开支，但我依然会拿1000元出来，要么去找专业的人咨询，要么去参加某个付费项目。对年轻人来说，每年用10%的收入投资自己、获取信息、和优秀的人在一起，永远是只赚不赔的。如果一个人在专业领域建立了认知框架，而且吸引了一批志同道合的人，那么，向他付一笔钱简直是血赚，付费就是最大的捡便宜。

当你加入一个社交圈以后，你可以根据发言质量、社群氛围等快速地做出判断：这是否是一个优秀的、和你同频的圈子？如果是，那么接下来你的关键任务就是尽快融入这个圈子。

什么叫融入？就是找到自己的生态位，为这个圈子带来价值，和更多人产生连接。

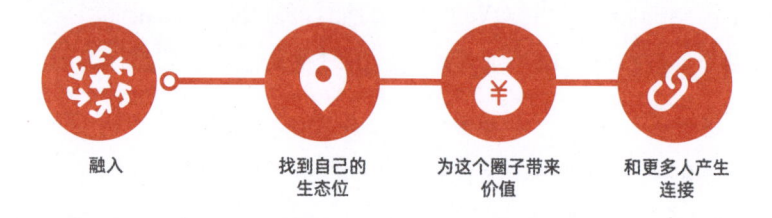

融入　　找到自己的生态位　　为这个圈子带来价值　　和更多人产生连接

还记得社交的本质吗？核心依然是价值交换，而且价值有三类。

在一个社群中，你可以给大家提供实用的资源，为大家提供精神上的启发，还可以用鼓励、安慰、激发的方式为大家提供情绪价值。

不论你身价如何、做什么工作，只要你有心，你总能找到一种合适的方式去融入社交圈。即使在微信群里"拍一拍"别人，也能让他感受到温暖。

很多人容易犯的错误，就是在刚加入社群的时候就想着如何索取，而不思考如何付出。比如，刚进群没几天，就为自己的产品做硬广，这样的行为难免惹人反感。其实，只要你在社群中展现出了自己在某个领域的价值，多多分享，后期就一定会有人自发来找你，寻求你的帮助。

不仅线上有社群，线下也有社群，多参与到各个领域的社群活动中，你就会发现无穷的机会。2019年，我参加了"得到大学"，小组开会时，大家相互介绍自己参加的原因。我的答案很简单——希望能交几个志同道合的好朋友。要学知识，网络上有很多；要与人深度连接，线下是最好的方式。后来，我确实达成了自己的目标，认识了多年来一直联系的好朋友。我们班还有同学从初识到相恋，再到步入婚姻殿堂。在深圳，单身男女千千万，很多人都说自己特别想脱单，但是下班就回家，周末也不出门，自己都不给自己创造机会，对象会从天上掉下来吗？

第三，让自己成为网络节点。

在谈到社交网络时，不仅是在说你和其他人的单点联系，更是在说你和很多人一起，形成一个相互交织、相互勾连的网络。

有些人只会盯着关系，然后把自己的朋友当作自己的资源，不想让别人共享，这是一种非常陈旧的思维方式。

相反，如果想让自己变得更有影响力，有一个很好的方法，就是在你的朋友之间牵线搭桥，这样你就会成为一个越来越中心的网络节点。

这些年，当我认识一个新朋友的时候，如果我觉得他可能和另一位朋友有共同的专业、兴趣或合作的可能性，我就会介绍他们认识。

最开始,这个习惯好像平平无奇,但后来它开始发挥神奇的作用,朋友们会感谢我,然后也会介绍更多的朋友给我认识。当我看到许多朋友因为我成了好朋友,或者产生了合作时,我也很开心。

"爱出者爱返,福往者福来",这句话在这件事上体现得淋漓尽致。

后来我创办财富私董会,也和这个原因有关。我希望创造一个场域,大家在场域中价值观相似,相信长期主义,真诚利他,同时又在各个领域有所深耕,这样大家的连接就会碰撞出无穷的火花。

我们谈到了对于获取财富、成就来说,构建社交网络非常关键。但归根到底,与他人的连接还有一个更底层的作用,就是促进我们的健康、长寿和幸福。

美国杨百翰大学一项涉及30万人的研究证实,一个人如果没有朋友或与他人关系疏离,那么这种情况对健康的危害等同于每天抽15根烟。

《美国医学会杂志》上一项针对1600名60岁以上老人的追踪调查发现,经常感到孤独的老人,平均寿命相对减少6年。

联合国国际老龄问题研究所一项新研究显示,和那些不爱社交的妇女相比,维持密切友谊与良好家庭关系的老年妇女,更不容易出现智力衰退的问题,具有较多社交活动的妇女,罹患阿尔茨海默病(老年痴呆)的风险降低了26%。

所以,朋友是一剂身心良药,社交网络是我们最大的支持网络。

我每天写晨间日记，里面有一个"感恩"模块，这个模块会提醒我去思考——今天要感恩谁？

当我带着这样的意识去生活时，我就多了一分觉知。

我感恩爱人和亲人，感恩他们成为我生命中一切奇迹的来源；我感恩朋友，他们让我感受到力量，让我意识到自己不是在独行。

当你不断地感恩，不断地感受到与他人、与世界的亲密关系时，你就会有一种终极感受——回家了。

对孤独、敏感、焦虑的现代人来说，当你时常感受到回家的温暖时，那么不论遇到多大的挑战，你依然会坚信，山海虽远，万事可期。

富足人生指南

你被多少人看见、

认可和信任,

决定了你的成就上限。

第3章
挣钱飞轮：高效积累第一桶金

> 有商业的地方，便有美德。
>
> ——孟德斯鸠

曾经有一位朋友问我："启昌，你是怎么积累第一桶金的？"

我的答案是，靠打工挣到了人生第一个100万元。

你在媒体上会看到很多这样的故事：一个年轻人，辍学创业，遇到巨大的风口，融了很多钱，最后创业成功，成为千万富翁，亿万富翁。

确实有这样的案例，但对普通人来说，遇到这样的成功事件的概率很低。根据中国社会科学院2021年公布的数据，中国约有4400万家企业，其中上市公司有5000家左右，一家企业从创立到上市的概率将近万分之一。所以，对一个出身普通，容不得太多失败的年轻人来说，在职场中通过自己的努力获得第一桶金，是最靠谱的路径。

如果真心想要创业，那么我建议先工作十年左右，明确自己的人生方向，形成综合能力，并且积累一定的行业资源。对于90%的人来说，在职场中积累财富是非常重要的。

在第2章中我们讲到了如何提升自己的能力、认知和社交网络，目标是最大限度发挥自己的潜能，在这一章里，我们会讲述如何更好地在职场中把这些能力和资源进行变现。

那么，该怎样在职场中获得更多财富？面对这个问题，你的第一反应是什么？是拼命加班吗？

一个人的努力所带来的增量是有限的，即使你比别人多工作两倍的时间，最多也只能产生三倍的成果。

在职业前景中，选择比努力更重要。

你一定听说过"选择比努力更重要"这句话，但它常常沦为一句鸡汤，只是给了你模糊的方向，没有告诉你怎么做。本章，我们会从好行业、好公司、好位置三个层面，提供具体的做对选择的方法，帮你更好地规划职业前景，更加高效地积累人生的第一桶金。

我想提醒你的是，衡量一个人职业生涯的成功，有两个重要的因素，一个是财富，一个是幸福度。幸福度主要源自你的职场环境，看你的个人价值观与职场环境是否匹配。

在本章，我们会把焦点放在财富上，因为在人成长的早期，尽快积累第一笔财富是非常重要的事情，能够支持你在遇到不理想环境的时候，自由地做出选择。

想在工作中获得幸福，最理想的状态是开创属于自己的事业。他人给予的工作，很难百分之百和你的兴趣匹配，每个人最终都会走到设计独特事业的道路上，在本书的第六章，我们会详细讨论这个话题。

从走出校门到最后开创自己的事业，中间有很长的一段时间是花在职场中的。选择一份工作本质上也是一种投资，这种投资比我们买一只股票或基金更重要。因为时间是我们最重要的财富，每选择一份工作就要投入几年的时间，这是在用你最重要的资源下注。

大多数人知道要"认真工作",但很少有人"认真选择工作"。

很多人在选择工作的时候比较草率,对一份工作没有了解得特别清楚就选择加入,干一段时间不满意就立刻离职。在这种情况下,因为现金流不稳,可能又会很快地进入另外一份不了解的工作当中,循环往复。

实际上,我们可以应用系统的方法论来选择工作,这套方法论源自价值投资的逻辑框架,结合我自己过往的实践经验,亲测有效。

3.1 选择好行业,锚定"大早高"

我在腾讯工作时,经常听一些工龄比较长的同事聊到这样的故事。十几年前,他们毕业的时候,并不是成绩最优秀的,那些最优秀的同学往往去了诺基亚这样的外企,或者去了联通、移动这样的国企。相比之下,当时互联网还是一个新兴的行业,虽然发展速度很快,但是依然被很多人看不起。特别是,如果你去腾讯工作,别人就会吃惊地问你:"就是那个搞QQ的公司吗?"

十几年过去,选择不同行业的人在财富结果上有了巨大的差异。一个人所处的行业对他的财富量级会产生最重要的作用。在一个人的一生中,可能会有三到五次好机会出现,当你明白了选择好行业的逻辑以后,就能更加果断地抓住机会。我把这套选择行业的逻辑归纳为"大早高"。

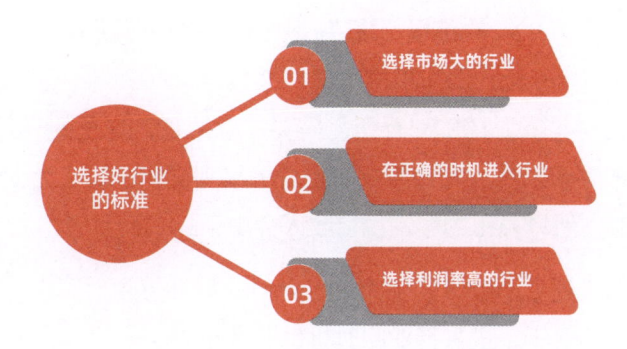

```
选择好行业        01  选择市场大的行业
的标准          02  在正确的时机进入行业
              03  选择利润率高的行业
```

选择好行业的第一标准，是选择市场大的行业。

一个行业市场越大，就会产生越大的造富效应。

过去20年，房地产行业、金融行业和互联网行业都是造富效应很明显的行业。不仅行业的高管得到了许多财富，其中很多基层管理者，包括高级技术人员，年薪百万的比例也非常高。

如果一个行业的空间太小，就会造成一个问题——财富上升空间有限。如果去看A股上市公司的财报，你就会发现，在一个小行业里，上市公司里几位核心高管的年收入也就在50~100万元之间。

如果你想了解一个行业的市场规模，那么可以搜索各种研究报告，通过这些报告，你会更加清楚地看到自己的职业"钱景"，我们可以简单地归纳如下。

- 一个百亿级的市场，龙头企业员工平均年薪可能在10~20万元。
- 一个千亿级的市场，龙头企业员工平均年薪可能在30~50万元。

- 一个万亿级的市场，龙头企业员工平均年薪有机会到50~100万元。例如根据腾讯财报数据，2022年，腾讯员工人均薪酬为102.53万元。需要注意的是，这里的102万元不等于工资，人均薪酬还包含了福利支出、员工培训费用等，所以员工的平均税前收入会少于102万元。

当你看到了一个市场巨大的行业时心里会感到很兴奋，这时还需要冷静一下，进入行业的时机也非常重要。

比尔·格罗斯是全球著名投资公司PIMCO的创始人和首席投资官，创建了Idealab，孵化了上百家公司，有些获得了巨大成功，有些最终失败。他在TED做过一个非常火爆的演讲，分享自己投资创业的经历和行业数据，来揭秘对创业最重要的要素。他对比了100个Idealab负责的公司，以及100个非Idealab负责的公司，最终得出结论：在创业能否成功的影响因素中，排在首位的是时机，占42%；排名第二的是团队和执行力；第三是独特的想法。

实际上，无论对于创业还是打工，时机都是获得巨大成功的第一要素。

中国古代思想认为，天时、地利、人和是成功的三要素。其中，天时指四季变更、气候变化等气候条件。

在商业社会，天时是指这个行业的底层基础设施是否完善，消费者的心理成熟度是否足够等，只有这些条件完善后，一个具备创新空间的行业才会蓬勃发展。

美团联合创始人王慧文在清华讲产品课时总结了外卖这个行

业能够做得这么大,很重要的原因是智能手机的普及。从苹果推出iPhone开始,智能手机的成本一直在降低,后来降到了千元以下,这就让配送员能用得起智能机,如果配送员也要用iPhone,那么行业成本会大幅上升,进而影响行业的发展。

选择好行业的第二标准,是在正确的时机进入行业。

什么是正确的时机?就是一个行业快速成长的早期,但是又不能太早,否则容易成为"先烈"。

这句话听上去有点儿抽象,下面我们来具体说明。

Gort 和 Klepper 在1982年提出了产业生命周期理论,指出一个行业会经历四个阶段,分别是萌芽期、成长期、成熟期和衰退期。

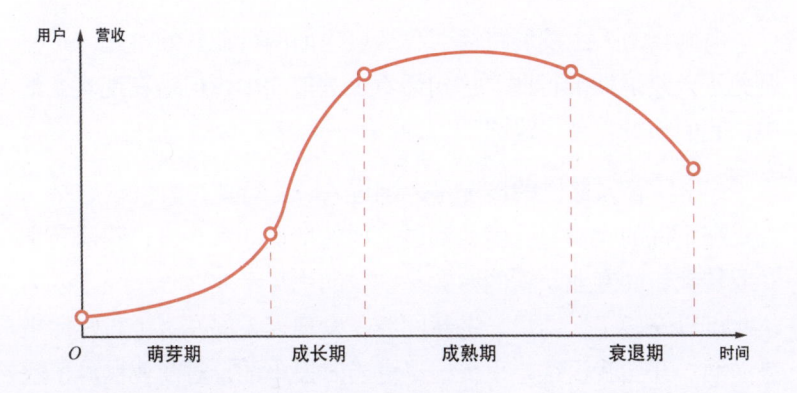

这四个阶段分别呈现出不同的特征。

第一个阶段:萌芽期。新产品刚刚进入市场,还没有被主流市场接受,销售量增长缓慢,行业中以创业型公司为主,整体都不挣钱。

第二个阶段:成长期。行业开始被大量消费者接受,产品销量急剧增长，利润不断增加，不断有新的竞争者涌入。

第三个阶段：成熟期。产品趋于饱和，经过激烈的竞争后，格局相对稳定，形成了少数几个龙头企业，行业整体利润达到顶峰。

第四个阶段：衰退期。由于消费者兴趣转移或者新技术出现，产品销量逐渐下降，利润不断萎缩，许多公司倒闭。

我们应该选择在哪个阶段加入一个行业呢？

很有意思，这四个阶段的公司我都经历过，也深刻地理解了行业变迁的力量。

如果你想正确地选择行业，可以遵循这样的规划：萌芽期谨慎选择；成长期勇敢加入；成熟期早做规划；衰退期果断离开。

根据我的人生发展路径，我从衰退期的行业开始讲起。"要避免进入衰退期的行业"这句话看上去很简单，但是在现实生活中，我们却很容易"踩坑"。

一个年轻人最惨的情况是，刚进入一个行业，就发现它是一艘正在下沉的大船，我就遇到过这样的情况。大一时，我从药学专业转到新闻专业，新闻专业是学校的优势专业之一。我本以为从此可以安稳了，结果一进新闻系，发现人人都在讨论新媒体来势汹汹。开始我没往心里去，毕竟当时很单纯，对商业世界了解不多，也根本不知道行业衰退会带来怎样的巨大影响。2013年毕业后，我进入财新传媒工作，这是国内顶尖的财经媒体，主要收入来自杂志广告，这时我才发现，形势比人强，行业太难了。

我完美地踩中了"行业拐点"，从2013年开始，随着社交媒体的兴起，纸质媒体广告收入大幅下滑，而且看不到好转的迹象。

其实，这个行业也风光过。在2000年到2010年之间，纸质媒体处于黄金时期，广告收入不断增长，行业从业者工资普遍较高。

我看过一个财经媒体前辈的回忆文章，他曾经在一个顶尖的财经媒体做广告业务，根本不需要去见客户，坐在传真机旁边等着，就不断有全国各地的广告订单"飞"进来。

我想有很多人和当年的我一样，误打误撞地进入了一个衰退期的行业，这个时候一定要保持警觉，不要把自己和这个公司绑定在一起。判断一个行业是否进入衰退期，看一个数据就可以了——收入增速。

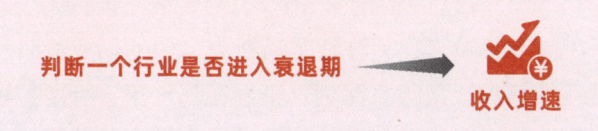

> 判断一个行业是否进入衰退期 → 收入增速

一旦行业进入下行通道，营收不断下降，行业内的所有企业都会过得很艰难。不论管理层多敬业，员工多努力，都无法与时代趋势对抗。

行业进入衰退期，公司通常先下调目标、缩减费用，然后就是精简人员，俗称裁员。

如果你所在的行业表现出这种情况，那么一定要小心，早做打算。宏观的趋势最终都会落到个体身上，一个人的力量太渺小，永远别试图抵抗趋势。这个时候，最重要的是不怨天尤人，积极敏锐地去发现新行业、新机会。

在我的职业生涯中有一个非常重要的转折点，就是从财新传媒跳槽去了特斯拉，从一个处在衰退期的行业进入了一个蓬勃发展的新兴行业。

事后来看，2012—2022年这十年是新能源汽车行业蓬勃发展的十年。2012年，中国新能源汽车的渗透率不到1%，到2022年已经超过了20%。从产品的销量来看就更加震撼：新能源汽车累计销量从2012年年底的2万辆大幅攀升至2022年5月底的1108万辆，自2015年起，中国的新能源汽车产销量连续7年位居世界第一。

当时我为什么会从财新传媒跳槽去特斯拉呢？这背后有一个曲折的故事。2013年，我进入财新传媒，第一个岗位是广告销售。当时我做了一个分析，发现广告投放量最大的行业是汽车行业，可是奔驰、宝马、奥迪这三家广告大户已经有其他同事在跟进，我需要寻找新的增量。

恰好在这个时候，我关注到了马斯克，他的创业故事和他对第一性原理的追求让我印象深刻。正好在那一年，特斯拉进入中国市场，我读了很多关于特斯拉的报道，也看到很多明星企业家在购买特斯拉汽车。而且，通过简单的计算就可以知道，新能源汽车从使用成本上来讲比燃油汽车有更大的优势，而且也更加环保，遇到的唯一阻碍是新能源汽车充电不方便。

我有一个模糊的感觉：新能源汽车是一个非常前沿的产业，特斯拉是一家非常有前景的公司。

这时我遇到了一个挑战：怎样联系上特斯拉公司？当时我没有想过要加入特斯拉，只是想找到他们的市场广告负责人进行合作。我相信很多朋友都遇到过和我类似的问题：发现了一家好公司，就是不知道该怎么"搭上线"。很多人的第一反应是走常规路线，比如给前台打电话，这种常规方式的成功概率非常低。我在想我怎么样才能联系到特斯拉中国的高层呢？如果能够直接联系到他们，那么效果一定会非常好。当时社交媒体已经兴起，很多名人都开了微博，我去微博找了一圈，发现没有特斯拉的人。然后我找了另外一个平台Linkedin（领英），这是一个全球职场社交平台，很幸运的是，特斯拉时任中国区CEO郑顺景在领英有账号。

也许是被马斯克无畏的创业精神打动，我做了一件看上去很大胆的事情，就是直接通过站内信联系郑先生，介绍了自己，并且希望能有机会到公司拜访。幸运的是，郑先生很快就回复了我。随后在特斯拉北京的总部，我见到了他，和他聊了一会儿，他说合作的事情具体由中国区市场负责人负责。

于是顺理成章地，我请他介绍中国区的市场负责人，接下来我就约了中国区市场负责人见面。我的本意是介绍财新传媒，希望在未来和特斯拉进行广告合作，结果刚一见面，她就打消了我的幻想，她说特斯拉从来不做广告投放。有一瞬间，我心想，这一趟看来要无功而返了。

我们继续聊了半个小时，等到快结束时，她突然问我：你愿不愿意来特斯拉工作？那一瞬间我有点懵，因为我不知道自己的什么特质打动了她。我既感到惊喜，又感到惊讶。惊喜是因为当时我已经做过研究，特斯拉是一家"冉冉上升"的公司，我知道这是一个不错的机会；惊讶是因为我在财新传媒还没有待多久，不想这么轻易地换工作。回去以后我想了很久，又找了一些前辈咨询，心里大概有了答案。

财新传媒的领导和同事都对我很好，而且公司的文化价值观不错，但最大的问题是，整个行业在不停地往下坠落，"形势比人强"。所以在和领导进行了深度沟通，并谢绝了他们的挽留后，我去了特斯拉工作。当时我的脑海中回荡起一句Meta（前脸书）前首席运营官雪莉·桑德伯格的话，"如果有一艘正在发射的火箭，那么别管什么位置，坐上去就好"。

这是一个极其贴切的比喻，一个处在生长期的行业，一个处在上升期的公司，会带来一种独特的势能，让你的能力快速成长。

我进入特斯拉以后才通过HR知道，中国区市场部负责人的用人要求很高，在过去半年面试了很多求职者，没有找到满意的。所以当你身处一个衰退期的行业时，最重要的是增加开放度，打开和外部世界的连接，把自己暴露在更多人面前，说不定就会有新的机会找到你。

身处衰退期行业 → 增加你的开放度 → 打开和外部世界的连接 → 把自己暴露在更多人面前 → 新的机会找到你

在特斯拉的一年多里，工作中的很多挑战都超出了我当时的能力。当时特斯拉刚进中国，还没有一个完整的品牌PPT，所以不同人员对外界介绍产品时往往有不同的口径。我联系了各个部门，通过复杂的沟通确定共识，牵头制作了第一个将近50页的品牌PPT。

从充电到售后，外界对特斯拉有许多质疑，所以我要牵头在全国各地举办品牌活动，邀请媒体记者参观售后中心，向他们做展示。媒体记者都是身经百战的汽车领域专家，我只是一个行业新人，需要快速补课。埃隆·马斯克来中国时，我负责安排采访媒体，面对这位个性独特的老板，很多时候我会忍不住紧张。

特斯拉身处聚光灯下，经常遇到各种舆论危机。有一天早上七点半，北京的天空灰蒙蒙的，我正走在去公司路上，突然接到了彭博社记者的电话，要求采访。后来我们去硅谷总部开会，我还得到了在会议上发言的机会，这对我的英语水平提出了挑战，我开始疯狂学习英语。

很多时刻我都想过放弃，但又秉承着一个信念——我不能在干不下去的时候走，我要先证明自己能胜任这份工作，然后有合适机会才允许自己离开。后来我才意识到，人的快速成长往往是发生在克服困难的时候，困难越大，收获就越多。

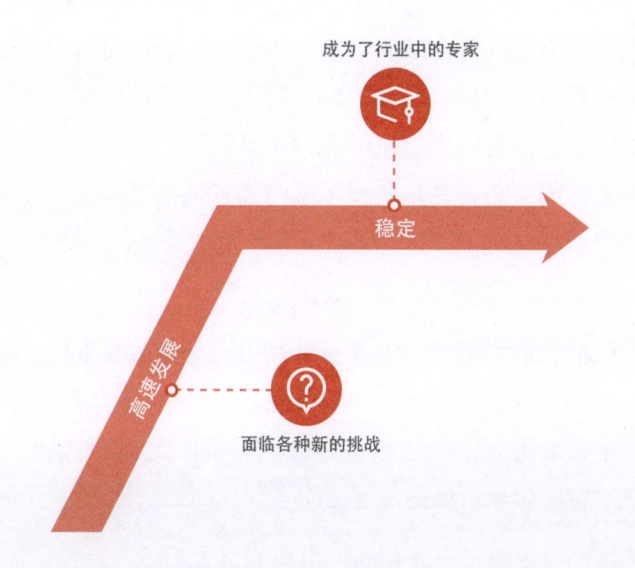

成为了行业中的专家

稳定

高速发展

面临各种新的挑战

当你身处一个高速发展的行业中时，你会面临各种挑战，对于这种挑战，任何人都没有经验，你被逼着去解决这些问题。当行业进入稳定期时，你就成为行业中的专家，也因此拥有了比同龄人更多的经验，在职业发展上，也会领先一步。

在特斯拉工作的经历让我得到了很多历练，随着特斯拉在中国发展得越来越顺利，我的这段经历也显得越加宝贵。如果我一直留在特斯拉，那么光加入时发的那笔股票期权，现在就价值几百万。但我并没有拿到那笔钱，因为在我工作刚满一年时，我又遇到了一个机会。

2015年，一位朋友向我介绍了一家初创公司，这家公司在做一种新产品，叫作电助力自行车。电助力自行车是介于传统自行车和电动自行车之间的一种产品，平时可以当作自行车来骑，但是它配备电池电机及自动传感的芯片，在遇到上坡等场景时，会自动提供电助力，让骑行更轻松。这个产品在日本、欧洲已经比较成熟，因为它既符合环保运动的理念，又能让骑行者感受到轻松快乐，在市场上越来越受欢迎。所以，当看到日本、欧洲的市场不断成长，而且国内这家创业公司具备了核心技术、掌握了自主研发芯片的能力，并且获得了国内知名创投机构几千万的融资后，我心动了。

我当时的想法是，这是一个比新能源汽车所处阶段更早的行业，所以增长潜力更大，如果身处其中，可能会有更加了不起的成就。实际上我忽略了一个重要的问题，一个身处萌芽期的行业的不确定性会更大，尽管这个行业可能有前景，但是谁能胜出完全无法确定。后来市场的发展证明了我当时的判断太过乐观。

首先，我忽略了国外和国内市场的巨大不同。

在国内，电动自行车非常普及，但是在欧洲，电动自行车被大范围禁止，所以电助力自行车会获得更多人的青睐，消费者不需要被说服，会自愿尝试这样的产品。

从中国用户的角度来看，电助力自行车比电动自行车更贵，而且改变使用习惯实际上是一个艰难的过程。尽管电助力自行车行业在欧洲已经跨越了早期的鸿沟，进入快速成长阶段，但是在国内，它当时身处萌芽期。

萌芽期还有一个非常明显的特点，就是市场太小，行业中以初创公司为主，即使某个初创公司获得了领先地位，但一旦有大公司杀入，就会遭遇巨大的打击。

当时我所处的创业公司就遇到了这样的情况：因为具备核心技术，并且产品力不错，我们一度在品牌、市场上获得了很不错的反响，但随着小米、滴滴、美团等巨头"杀"入这个行业，竞争难度急剧提升。对这些巨头来说，对于一个单品，他们短期内可以不盈利，只是把它作为产品组合中的一部分。巨头有大量的资源可以消耗。

在商业历史上，曾经反复出现这样的案例：创业公司发明了新技术，开发了新产品，开拓了新市场，但是当实力更强劲的对手进入时，创业公司积累的优势很快就荡然无存。

比如现在，几乎每个中国人都用微信，而实际上在移动通讯社交这个行业，米聊才是先行者。小米公司在2010年3月成立，当年12月，受到国外智能语音聊天应用kik的启发，小米推出了米聊，因为抢占了先机，产品功能新颖，很快吸引了大量用户，到2011年6月时，米聊的用户超过400万人。而张小龙带领的微信团队比米聊推迟了近一个月才立项，微信的上线时间也比米聊晚2个月，但是得益于腾讯成熟的社交关系链，以及腾讯在技术资源方面的长期积累，微信很快"后发先至"。

2011年8月7日，距离小米的产品发布会还有9天，雷军发了一条微博："舍得，有舍才有得，小舍小得，大舍大得。"从那时起，小米将创业路线从软件转向硬件，也由此搅动了手机这个行业，成为一方巨头。所以，如果你是家境一般的普通人，在职业生涯的前十年，要谨慎加入处于萌芽期的行业，因为这时的不确定性太大，你所在的公司很可能会成为"先烈"。

接下来，我们探讨大多数人最容易遇到的情况，就是身处一个成熟期的行业。以我自己为例，2017年，我从北京来到深圳加入腾讯，那时中国移动互联网用户总数达到11.2亿，微信日活跃用户数达到9亿，所以从市场规模来看，移动互联网行业已经跨过了高速发展的阶段，进入成熟发展的时期。

如果你处在成熟行业，那么特别容易遭遇"温水煮青蛙"的陷阱，整个行业的收入、利润虽然增速放缓，但总量依然在增加，公司的工资和福利也不错。这个时候，职场人一定要"低头干活，抬头看天"。当时我因为帮助很多同事做财务咨询，所以感受到很多部门的工作越来越内卷，也因此比较早地有了危机意识。

花无百日红，每个行业都会有从成熟走向衰退的时刻。特别是，如果你所处的行业是一个受到新技术影响巨大的行业，那么更要打起精神，早做准备。每个新行业摧枯拉朽求发展时，都有旧行业在黯然神伤。

例如过去这十年，当新能源汽车狂飙时，传统燃油汽车从业者的收入和状态都受到了很大影响。作为个体，我们不可能改变趋势，我们能做的就是提前规划，早做准备。

选择好行业的第三标准，是选择利润率高的行业。

现代商业社会，企业的天职是盈利。判断一个企业好坏，盈利能力是非常重要的标准。

盈利能力越强的企业越能给员工提供好的发展机会和良好的报酬,所以当你选择行业时,如果面前有3个处在成熟期的选择,那么比较不同行业的利润率水平就是一个非常好的方法。利润率分为两种,一种叫作毛利润率,等于毛利润除以总收入;一种叫作净利润率,等于净利润除以总收入。

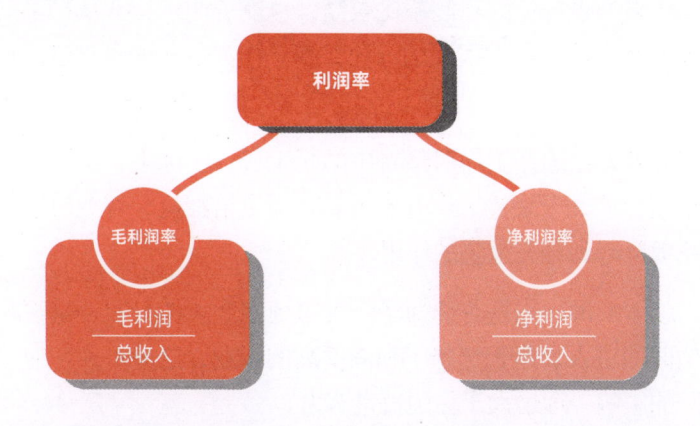

```
            利润率
           /      \
       毛利润率    净利润率
        毛利润      净利润
        总收入      总收入
```

那么净利润和毛利润有什么区别呢?

简单来讲,毛利润是总收入减去营业成本,营业成本一般包括产品原材料、运输费用等。

净利润是在毛利润的成本上再"扒一层皮",把财务费用、管理费用、销售费用及纳税等减掉,是企业真正赚到的钱。

所以,从毛利润率和净利润率就可以清楚地看到一个行业的盈利能力,特别是净利润率,因为它扣除了相关费用,适合在各个行业之间进行比较。

如果你想了解一个行业的净利润率,那么可以选择代表性上市公司的财报,查看历年净利润率的变化。

如果一个行业排名靠前的公司的净利润率超过10%,就说明这是一个还不错的行业；如果一个行业排名靠前的公司的净利润率超过20%，就说明这是一个盈利能力特别强的行业。

过去十年哪些行业的净利润率比较高呢？白酒行业、互联网行业、医药行业、金融行业、文娱行业，这些是典型的代表。

如果一个行业的利润率比较高，也就表明该行业从经济商业的大蛋糕中可以分走很大的一块，那么作为行业的参与者，自然也会享受到红利。

很多人在选择工作时最看中的是工资，实际上，在职业生涯的早期，差几千块钱工资并不重要，而恰恰相反，行业对工资的天花板会起到至关重要的作用。

总体来讲，你是否选择了一个市场空间大的行业、是否在正确的时间进入、是否选择了利润率高的行业，这些对你职业"钱景"的影响，远远大于你的日常努力。

选择比努力更重要，而选择是有方法的。

3.2　选择好公司：护城河+企业文化

在选择一个公司的时候，大多数人采用的是员工视角，会把关注点放在岗位职责、考核KPI、工资福利上，这些确实是值得关注的因素。但还有另外的视角，那就是从投资者的角度来看一家企业。

为什么这样说？因为一个企业发展得好不好，能不能在竞争中保持优势地位，能不能长期获得不错的盈利情况，对于个人的职场小环境有至关重要的作用。就像十年前，同班的两个同学，一个去了爱立信这样的外企，一个去了腾讯。后者在腾讯不需要成为前1%的顶尖员工，只需要保持不错的工作状态，这些年积累的工作薪酬大概率就能比前者高。

那么我们该如何从投资者的视角去衡量一家公司呢？

衡量一家公司的前景，最核心的方法就是看它是否拥有护城河。

从字面上看，护城河是为了防御敌人进攻而修筑的工事，巴菲特把它用到投资中，用来形容企业可持续的竞争优势，能够帮助企业稳健经营、持续盈利。

巴菲特对"护城河"有过一段非常经典的阐释。他说："我希望拥有一座价值连城的城堡，守护城堡的公爵德才兼备，而且这座城堡周围有宽广的护城河。我经常对伯克希尔子公司的管理者说，加宽护城河，往护城河里扔鳄鱼、鲨鱼，把竞争对手挡在外面。"

一个有护城河的企业不容易被竞争对手打败，能够维持领先的行业地位，长期盈利。

有时候某些行业会有短暂的红利期，比如跨境电商行业，国外有一个产品火了，国内某些企业复制这个产品，能够热卖一年半载，但当这股风潮过去，红利就消失了，企业的高利润不可持续。

当你加入一家公司时，你肯定希望这家公司至少未来五年能有不错的发展前景，因此，护城河就是一个非常重要的帮助我们做决策的指标。

具体来讲，护城河包含什么呢？

世界顶尖评级机构晨星公司的股票研究部负责人帕特尔·多西撰写的《巴菲特的护城河》一书详细解释了巴菲特的护城河理论。他把护城河分为以下四种。

第一种护城河是无形资产，比如强大的品牌、技术专利或者牌照。

大众最容易接触到的无形资产就是品牌。比如茅台，在过去20年，为投资者创造了非常丰厚的收益，茅台最核心的资源就是品牌所代表的独特历史文化。

在巴菲特的投资生涯中，有一个非常经典的代表作就是可口可乐，而可口可乐最核心的竞争优势就是它深入人心的品牌。

第二种护城河是客户转换成本，也就是迁移成本高。

例如很多公司会使用CRM等管理软件，当公司长期使用一款软件后，即使出现了一个性能更好的软件，公司大概率也不会去做改变，因为改变的代价太大了，包括迁移数据、培养员工等。

简单来讲，如果一家公司能够和用户形成比较强的绑定关系，让用户难以轻易离开，它就有了强大的护城河。

苹果公司就是这样，它把硬件、软件系统结合得非常好，而且培养了用户独特的操作习惯。就像我自己，已经使用了macOS操作系统7年，现在让我用Windows操作系统的电脑，我会很不习惯。

很多行业存在客户转化成本，例如医疗行业、金融行业、教育行业、软件行业等。

第三种护城河是网络效应，当商品或服务的价值随着用户数增加而增加时，就会产生网络效应。

最简单的案例就是社交平台，一个社交平台的用户越多，用户就越愿意留在这里，因为他在这里可以找到更多的朋友。

电商平台也是这样，当用户增加时，商家也会增加。商家提供的产品越丰富，吸引的用户就越多。

你可能会想到，如果一个行业容易出现网络效应，那么一定要避免加入排名靠后的公司，因为这样的行业会出现马太效应，强者越来越强，落后的公司会越来越难。例如当年的"百团大战"，最后只剩下了美团。

第四种护城河是成本优势，企业如果能够通过更大的规模来实现更低的成本，就会在竞争中领先。

例如在服饰行业，优衣库通过强大的内部管理和高效的经营，借助覆盖世界各地的经销网络，实现了低价的目标。

回顾特斯拉的发展历史，建成上海工厂是一个关键的里程碑。因为中国的产业链更发达，工人成本更低，所以特斯拉获得了强大的竞争优势。在此之后，特斯拉不断降价，把产品下沉到了更广泛的消费群体中。

看完这四种护城河,你可能会想,这里面谈到的例子都是那些世界知名的公司,我们不一定有机会加入这样的企业。

实际上,护城河不是一个绝对概念,而是一个相对概念。

同样是两家企业,你可以比较,他们哪个的护城河相对更强大,将其作为你判断的依据之一。

例如有两家企业,一家企业增长很快,营收规模也更大,但是主要靠做同质化的产品来取得市场份额;另一家企业规模小一点,增速稍微慢一点,但是在发展独特的竞争优势,那么在其他条件相同的情况下,你应该选第二家企业。

一个企业是否拥有护城河,或者是否处在建造护城河的过程中,对于我们做选择是至关重要的,除此之外,还有一个因素也很重要,那就是企业文化。

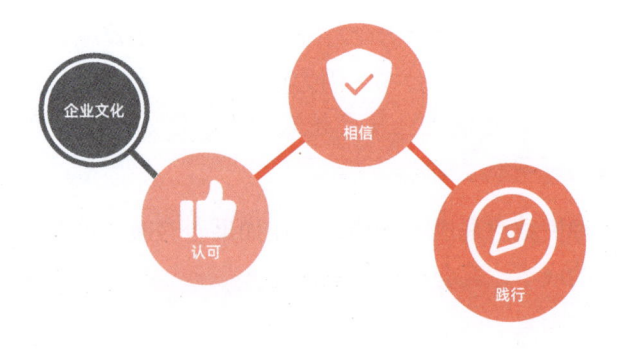

在现实情况中,企业文化常常不被重视。为什么会出现这种情况?

因为在中国大多数企业中,通常是老板安排HR带领大家进行头脑风暴,然后选出几个放之四海而皆准的关键词,做成标语贴在墙上，把它当作企业文化。

实际上，企业文化应当是一个企业，特别是企业的高层，真正认可、相信并且践行的核心价值观。

在这方面，国内著名企业家、投资人段永平的论述非常精辟。他说，企业文化讲的就是什么是对的事情，以及如何把对的事情做对。

有人问他，如何保持企业文化得到传承？他说，世界一直在变，我们也必须跟着改变。唯一不变的"integrity"，就是正直、诚信这类本源的东西。

有些企业的价值观违背道德准则，例如，如果一个采购员，能拖欠供应商的贷款，会被认为是有能力的表现，还会得到表扬。

在段永平看来，如果公司的财务逾期给不了款，是没有能力的表现。他规定押款不能超过60天，否则要支付利息。他在当CEO时，曾经在一次供应商会议上向所有人提供手机号码，并告诉他们，如果公司有人不守信可以打电话投诉。

一个企业为什么需要良好的企业文化？因为企业在发展的过程中总会遇到难关，如果有好的企业文化护航，那么企业大概率会做出正确的选择，更有希望长期发展。

段永平曾经回顾OPPO和vivo转型的过程。

"转型发生在2012年，我没有参加过转型的决策，但确实参加过一个有点儿悲壮的会。当时OPPO和vivo都面临很大困难，我们不确定能否维系下去，所以达成了一个共识：如果要倒下，一定不要倒得很难看，不要欠员工的钱，不要欠供应商的钱，要尽量保护代理商。后来，我们2012年没亏钱，2013年没亏钱，2014年亏了非常多的钱，到2015年，我们终于挺过来了。"

以我个人的经验来看，一家有良好企业文化的企业不仅对客户和合作伙伴比较好，对待员工也更有底线。

2017年，我离开了创业公司，想去互联网大厂看看。从BAT到风头正劲的滴滴，我都拿到了Offer，后来我之所以选择腾讯，有一个原因就是我有很多朋友在互联网大厂工作，我会询问他们对东家的评价，相对来说，腾讯员工对于自己公司的评价是最高的。所以，如果你想判断一家企业的文化好不好，可以找它的客户、供应商、员工聊一聊，就会获得非常真实的反馈。

3.3 选对好位置：让职场前景更光明

当我们通过认真研究，做好行业和公司选择后，剩下的事就是关注具体的岗位。关于这件事情你会看到很多理论，那些常见的说法，例如专业对口等，我们不在这里展开讨论。

在我看来，选择一个能不断发展并积累财富的好位置，最重要的是坚持三个原则。

加入核心部门	选择合适的环境	学会能力迁移
第一原则	第二原则	第三原则

选择好位置的第一原则,加入核心部门。

公司就像一座热带雨林,有些部门所处的位置更重要,天然就能吸收到更多的阳光雨露,这些部门里的同事就会有更多成长资源。

讲得更通俗一点儿,如果你身处一个核心部门,薪酬就会更高,晋升空间会更大,即使换工作的时候,得到的机会也会更多。

那么什么是核心部门呢?离钱近、离老板近、离人近。

指这个部门帮企业创造价值,创造营收　　离钱近

指这个部门有很多机会和外界接触　　离人近

指这个部门的负责人有希望成为公司高层领导　　离老板近

离钱近,是指这个部门能够帮企业创造价值、创造营收。所以,在很多行业,产品、营销、销售,都是公司中很核心的部门。

以腾讯为例,腾讯内部有很多事业群,有非常多的部门,其中,游戏业务的平均收入比较高,因为游戏是腾讯非常重要的业务线。

离老板近,是指这个部门的负责人有希望成为公司的高层领导,和创始人形成直接汇报关系。

你有没有发现这样的现象？一个部门的领导在整个公司的位置越高，这个部门就会获得越多的资源，在进行内部合作时，这个部门的员工也会更具话语权。

观察一家企业的最高领导层有哪些部门的负责人，就可以看出哪些部门是核心。

例如在大多数传统行业中，最高层领导往往包含销售负责人、财务负责人、供应链负责人；在腾讯、阿里等互联网企业中，最高层领导往往包含产品负责人、研发负责人。

离人近，是指这个部门有很多机会和外界接触，例如和客户打交道、和供应商打交道。

大多数职场人很容易干着干着就只看眼前的"一亩三分地"，只想做好当下的事情，对外界环境变化失去感知力。当行业发生巨变时，一旦公司要裁员，这样的人就会很危险。

如果你身处一个需要和外界大量接触的部门，就会自然地得到很多新信息，并且在行业内建立广泛的人际网络。

在第2章中，我们专门讲到人际网络的重要性，而职场的有些位置，天然需要和外界建立人际网络，这就会帮助你提升社交能力，拓展社交边界。

我谈论这些原则，并不是要求你所做的每份工作都百分之百与之契合，而是希望你心里有这根弦，知道自己向什么方向努力。

例如我在腾讯工作时，所在的部门不是公司的核心部门，我能明显地感受到，无论是当下的收入还是未来的发展空间，都会受到限制。在这种情况下，我采取的策略是：一方面把当前的工作做好，问心无愧；另一方面也要关注其他机会，探索其他可能。

选择好位置的第二原则，选择合适的环境。

在这一章里，我们谈了很多职业选择的方法论，它们都是一些通用的思维框架，主要是考虑外在环境。

实际上，还有一件很重要的事情，就是你是否和所在的职场环境匹配。在职业生涯早期，我们的选择权比较少，所以可能很难挑选到最合适的环境。但我们需要关注这件事，到了后期，它甚至应该成为一票否决项。

如果你处于一个和自己特质非常不匹配的环境中，就很难发挥自己的全部潜力。你一天拼命工作12个小时，成果或许和那些适合这个环境的人做半天差不多。

那么，什么是合适的环境？就是你所在的职场小生态和你个人的性格特质是否符合，可以用以下5个问题来测试。

01 这个部门以什么作为升职加薪的标准？
02 你喜欢和尊重你的领导吗？
03 部门有怎样的隐形文化？你认同吗？
04 同事之间的沟通协作是不是比较透明和友好？
05 部门领导是倡导完成工作就下班，还是倡导加班？

第一个问题非常关键，有些部门的升职加薪以和老板的关系密切程度作为核心指标；而有些部门更看重专业度和解决问题的能力。如果你是一个以事情为导向的人，更想在专业上精进，那么当身处人际导向型的环境时，相对来说会比较吃亏。

第二个问题听上去有点儿搞笑，职场上尊重领导是基本素养，而实际上表面上尊重和内心尊重是两件事情。如果你发自内心地认同你的领导，认同他的能力，认同他的价值观，那么即使他提出一些看上去严苛的要求，你也会不懈努力。

我在特斯拉工作时，有一位领导叫Gary，他是一个对工作要求非常严格的人，刚开始和他相处时我非常不适应，因为无论怎么做，都难以让他满意，让我感觉到自尊心受打击。

有一次写新闻稿，一篇800字的稿件，我反复修改都被他打回来。当时我内心已经有点儿崩溃了，心想写作能力是我的强项，我怎么可能写得这么差，这时，小情绪已经写在我的脸上。

等到快下班时，Gary把我叫到一边，把新闻稿打印出来，一句话一句话地跟我核对，甚至重新调整了一些标点符号。我现在还记得他向我讲解的分号和逗号的区别。

通过那半个小时的交流，我对他的专业能力彻底服气，我也知道，他给我提建议不是想针对我，而是真的希望我把这件事情做得更好。

随着相处时间的增加，我更加佩服他的一丝不苟，即使后来离开了特斯拉，我们也一直保持联系。我特别庆幸在职业生涯的早期遇到了几位非常好的领导，从他们身上，我不仅学到了怎么做事，还学到了怎么做人。

因此，要谨慎选择你的职场领导，他们不仅会决定一个部门的文化，还会影响你的价值观和人生观。

管理只是职务，有人追随的才叫领导，去发掘那些你愿意追随的领导。

关于第三个问题，可能有些朋友会觉得难以理解。举一个简单的例子，如果你很不喜欢喝酒，但你所在的部门领导特别爱喝酒，喜欢组织团建，每次团建活动上必有喝酒环节，而且还撺掇大家相互敬酒，那么这个环境和你的匹配度就没有那么高。

通过这五个问题，你可以更加清晰地看到，很多时候你在一个地方发挥得不够好，可能不是自己的问题，而是因为风格不匹配。

为了尽量避免出现这样的情况，在求职的时候，你可以多方面了解你的直接领导和部门文化，把相关问题提出来，同时从各个角度进行观察，面试其实也是一种双向筛选。

另外，可以通过人际关系网络多方打听，提前了解你要去的部门文化和领导风格，看看自己能否适应，这些要素对你的职场发展非常重要。

从本质来讲，所有的选择都基于信息，你掌握的信息越多，做出正确选择的概率就越高。

选择好位置的第三原则，学会能力迁移。

这两年，大厂中年危机话题非常受关注。

很多大厂员工拿着不错的薪水，生活状态也不错，但当企业要裁员时，他们突然很恐慌，因为一旦离开原来的岗位，就不知道自己可以干什么了。

出现这种现象的核心原因是他们的工作内容太过细分，所培养的能力过于垂直，一旦离开这个环境就很难有适用空间。

大型企业为了更加稳定地发展，会把岗位职责拆分得很细致，每个人负责一个小模块，同时有标准的操作手册，一旦有员工离职，很快就能有人替代。

对企业来讲，这是一件好事；但对个人来说，我们要保持警惕。

在选择工作时，如果某个岗位所需要的技能太过"定制化"，在其他企业或者行业不太通用，那么无论薪水有多高，都要小心谨慎，因为你可能会成为只适合这家公司的"金丝雀"。

在这个时代，很少有企业能存活50年，很少有工种能干一辈子，离职、跳槽、换工作，这些都是普通人必须经历的事情。

所以，最核心的不是学一门可以一直用到老的技能，而是掌握技能的底层模型，学会在各个行业之间迁移。

过去这十年，我先是在媒体工作，然后去特斯拉做品牌，接下来在创业公司负责市场，又在腾讯做过产品运营，再到自己创业，是不是看上去跨度非常大？

实际上，在不同的表象背后，主要是三项能力在不同领域的迁移。

- 学习研究新知识的能力。
- 以写作和演讲为基础的沟通协作能力。
- 关注用户需求并满足用户需求的能力。

只要掌握能力迁移的本领，你就不会在乎行业的兴衰，从而建立一种发自内心的自信和笃定。那么，怎样更好地在职场中进行能力迁移呢？有三个重要的习惯。

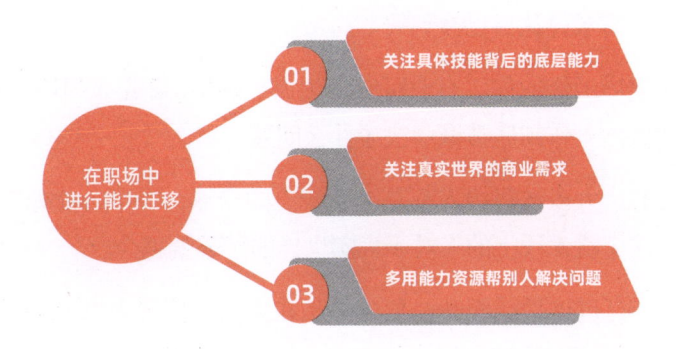

在职场中进行能力迁移：
- 01 关注具体技能背后的底层能力
- 02 关注真实世界的商业需求
- 03 多用能力资源帮别人解决问题

第一，关注具体技能背后的底层能力。

在职业生涯的早期，我们往往都从做具体的小事开始。假如你一开始的工作是写营销文案，就千万不要把自己局限在广告文案这个领域。

你可以去思考，广告文案背后的底层能力是什么？其实是说服力、影响力、同理心。所以，你可以用更多的精力去研究这些，从而精进自己的底层能力。

如果只关注广告文案怎么写，就是只见树木；如果能关注广告文案背后的底层模型，那就是看见森林。

随着ChatGPT的流行，很多基础文案工作可能会消失，但是，如果你真正知道怎样影响他人的心智、怎样改变他人的行为，那么会有无穷多的机会等着你。

第二，关注真实世界的商业需求。

在商业世界中挣钱的底层原理是什么？

不是坑蒙拐骗，不是打信息差，而是通过帮用户解决问题，满足用户需求，让自己挣到钱。

在职场工作的你，有时可能会生出一种虚幻感：你不知道自己每天做的工作到底帮谁解决了什么问题？

是的，大多数职场人都是流水线上的一环，一个行业分工越细致，这个流水线上的人对于真实世界的了解就越少。

怎样打破这种局面呢？要学会站在更高的位置去思考：我所在的企业到底在帮客户解决什么问题？目前效果如何？可以怎样改进？

举个例子，如果你在一家金融企业上班，每天都在做细碎的运营工作，那么你可以去想一想：我们这个行业的核心目标是不是帮用户真正赚到钱？为了解决这个用户需求，我可以做哪些事情？

当你培养了这样的思维习惯以后，就会对当下的工作产生一个大局观，也培养了对商业世界的好奇心。而且很多时候，创业点子也是这么自然而然地产生的。

所以，除了关注领导想让你解决的问题、聚焦公司的KPI，还要思考一些行业的真问题、和真实的用户接触，这是长期来讲很重要的事。

第三，多用能力资源帮别人解决问题。

我身边有很多朋友希望做自由职业者，通过专业能力挣钱。这种时候，我都会给他们一个建议——在日常生活中帮助身边的朋友，锻炼自己解决问题的能力，从而精进能力，让自己的身价越来越高。

流程图：无偿给好朋友帮忙，建立信任，提升自己的能力 → 不熟的朋友来找你，收少量的咨询费，让自己的专业价值得到体现 → 解决的问题越来越难，服务的用户规模越来越大 → 自己单干，成为个体户或者创业者

如果你是做财务管理的，那么可以帮身边开公司的朋友梳理财务模型，降本增效；如果你是做市场营销的，那么可以帮有需求的朋友提出获客建议，扩大用户规模；如果你是做代码开发工作的，那么当身边的朋友对新技术有需求又不知如何下手时，你可以帮他们解决问题。

最开始的时候，你可以无偿给好朋友帮忙，建立信任，提升自己的能力；慢慢地，有不熟的朋友来找你，就可以收少量的咨询费，让自己的专业价值得到体现；当你解决的问题越来越难，服务的用户规模越来越大时，你就可以自己单干，成为个体户或者创业者。

我有一个好朋友陈勇，他是国内顶尖的营销转化率专家，他的客户是每年投放上亿元广告费的广告主，每个项目的合作费都在百万元以上。

我们认识有将近十年时间，我见证了他一步步走到今天。早期，他是企业的市场部员工，主要工作是优化搜索引擎，提升百度的投放效果。

他在这件事情上不断精进,能力开始溢出,所以有朋友找他咨询,帮忙解决公司的营销转化问题。每解决一个问题,他对这个领域的专业度都会提升。然后顺理成章地,找他咨询的企业用户规模越来越大,最后他辞职创业,成功地开辟了新的事业。

这是通过能力迁移创业的例子,你可能会想,我不是专家型的人,该怎么在职场上积累势能,为创业做准备呢?

还有一个方向是积累资源,学会做整合者,撮合商业交易。我的另外一个朋友在企业内做商务对接工作,一方面认识了很多自媒体,另一方面认识了很多有广告投放需求的企业主,因为在行业内扎根时间比较长,双方都对她很信任。

最开始她纯粹是出于好意帮助各方牵线搭桥,后来她发现这是一个商业机会,就培养了一个小团队,专门做这件事。

过去20年,中国经济高速增长,很多行业从蛮荒走向成熟,创业者总体走的是重资产、高杠杆、大规模的路线。

未来20年,经济从高速增长转向高质量发展,社会更加平稳,如果你想创业,核心关键词是低风险、轻资产、小而美。

低风险　轻资产　小而美

如果你想创业,那么请将职场当作你的修炼道场。把公司交付给你的工作做好，完成一个职场经理人应尽的职责。在埋头干活的同时抬头看天，关注真实的商业世界，关注前沿的技术变革，关注变化的用户需求，锤炼内功、打造网络，终有一天，你会展翅高飞。

毕业后的前8年，从媒体、特斯拉到腾讯，我完成了月薪5000元到年薪百万元的跃迁。然后，我裸辞创业，通过打造个人IP，小而美创业，实现了千万级的营收。如果你想了解我这一路走来总结的干货方法，请关注公众号"兰启昌"，回复"888"，就能免费获得一套价值999元的课程。

富足人生指南

无论是创业还是打工,时机都是获得巨大成功的第一要素。

第 4 章
存钱飞轮：滚起第一个财富雪球

> 攀比就像一场没有人能打赢的战役,取胜的唯一办法是不要加入这场战争——用知足的态度接受一切,即使这意味着自己比周围的人逊色。
>
> ——摩根·豪泽尔

你经常会听到一句话:"钱是赚出来的,不是省出来的。"这句话听上去很有道理,但是很容易误导人。

因为它犯了非黑即白的错误,把赚钱和省钱对立起来。实际上,这两件事要同时做,甚至可以说在积累财富的早期,省钱的优先级更高。

来到深圳工作后,我认识了一些家境不错的朋友,他们家庭的财富量级以亿元为单位。有一次,我和其中一位朋友打羽毛球,打着打着,羽毛球的羽毛脱落了几根,我就准备把这个球扔了。

这时候,朋友说:"别扔啊,我可以拿回去自己练球,还能打一段时间。"

那一瞬间,我有点儿吃惊。在常人的想象中,如果一个家庭很有钱,肯定不会在这样的事情上省钱。后来聊天时,我就和他聊到了这件事。他说,他们家从小就比较倡导节俭,不该浪费的地方就不浪费,他也旁观了父母创业的过程,知道创业不容易。所以,你在网上看到各种"二代"炫富的视频只是事实的一部分。有很多富裕的家庭会培养孩子正确的消费观,让他们学会赚钱,也学会省钱。

对于中产家庭来说,存钱的重要性就更不言而喻了。

如果你玩过"现金流""财富流"这类财商游戏，会很明显地发现一个规律——那些高收入的中产家庭，比如飞行员、律师、医生，实现财务自由的难度最大，远远高于普通收入人群。

为什么会这样？因为高收入人群的位置最尴尬。

首先，高收入人群不像富人那样拥有大量的资产，可源源不断地产生现金流。

查理·芒格讲过一个故事：有一位富人每天都去酒吧玩乐，喝得酩酊大醉，旁人很担心他，觉得他乱消费会把家产花光，可这位富人却说——他的债券不会喝酒。

高收入人群，顾名思义，就是当前收入水平比较高。但在很多职业中，收入到达一定水平后就很难继续增长了，而且一旦遇到经济危机、行业危机、裁员等意外情况，收入可能大幅降低。

其次，高收入人群需常常出入高级商务场合，在有意无意间就会培养出高消费的习惯。

例如，一位投行的高级经理每天接待各种企业家，慢慢地就会觉得自己属于这类人群中的一员，也想买豪车、买名表。

总体来说，高收入人群收入有上限但不稳定，消费水平不断攀升，一旦遇到意外，财务状况就会很紧张。

这两年，有人总结了非常形象的"中产作死三件套"：房贷过千万、配偶不上班、二娃上国际。

如果你想变得更富有，想要人生更自由，那么存钱是必修课，你存下的每一笔钱都会帮助你早日过上理想的生活。

在前面的章节中，我们讲了值钱和挣钱。值钱，是提升自己的价值；挣钱，是在正确的位置变现，获得金钱。

在这一章中，我们会讲，当你挣到钱的时候怎样多留下一些，这样才会有更多本金进入"投资赚钱"的阶段。

我们有越多的钱去投资，可以换取的金融资产就越多，就会创造越多的被动收入。

4.1 管理风险，为家庭财富系上"安全带"

当看到"存钱"这个词时，你的第一反应是什么？

大多数人的第一反应是消费节俭。**节俭没错，但还有比这更重要的事。生活中存在一些风险，它们花钱的速度比消费快多了。**

例如，你是否经常在朋友圈看到各种大病众筹的链接？点进去会发现，有很多中产家庭，比如大学老师、企业职员，平时生活顺遂，但只要一场大病，就会让整个家庭产生一个财务大窟窿，怎么填都填不满。

如果说消费花的是几十元、几百元、几千元这样的"小钱"，那么意外所花的都是几万元、几十万元，甚至几百万元这样的"大钱"。所以，如果想存钱，要留下本金，最重要的一件事，就是管理风险。

人生中的风险可以分为两类，一类是可以预防的风险，一类是没法预防只能应对的风险。

```
         人生中的风险
        /            \
可以预防的风险      没法预防只能应对的风险
```

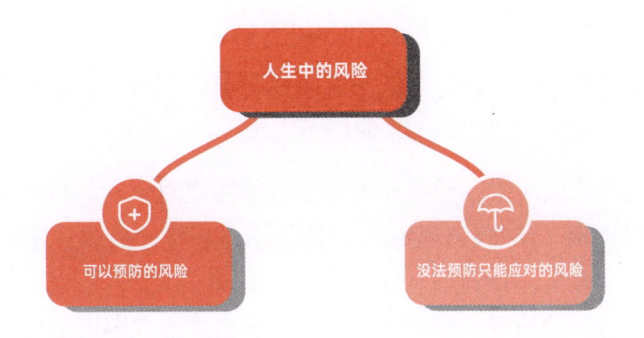

面对可以预防的风险，我们应该升级认知，做好充分准备。

这样的风险有很多，例如人身风险。我看过一个数据，在攀登喜马拉雅山6000米以上高度的人群中，平均每年约有10人死亡。

你可能会想，我平时不会去爬这样的高山，但在日常生活中，也有很多隐藏的、本可以避免的人身风险。

在一线城市的马路上，我经常看到有人一边骑电动车一边看手机。这种行为的危险程度其实非常高，简直是拿自己的生命开玩笑。尽管每年有很多人死于闯红灯，但依然有人执迷不悟地这么干。有一个总结很精辟：做这样的事情，做得好快几分钟，做得不好快几十年。

古语说，君子不立危墙之下。每个人都有必要培养自己的风险管理意识，时刻关注身边的情况，不做那些可能伤及性命的事。

除了人身风险，财务上，我们也可能会踩各种各样的"坑"。比如，帮人做担保，结果这个人跑路了，所有债务都落到你身上，你背上了沉重的负担。比如，被骗子骗钱。这两年，我们身边的这类案例越来越多，而且金额通常在十万元以上，有些受害者不但手头积蓄被骗光,还因此欠下一大堆网贷。

在防范诈骗上,每个人都可以做得更好,例如了解更多反诈知识,当遇到不合逻辑的事时停下来想一想。

在财务风险中,还有一类特别值得注意的,就是高杠杆创业和盲目投资。从2000年到2020年,中国房地产狂飙猛进,很多人靠买房改变了命运。从2018年开始,有些大V甚至喊出了"京沪永远涨"的口号,深圳也成了炒房客口中的"宇宙中心"。在这种狂热情绪的鼓舞下,很多人加了非常高的杠杆去买房,通过各种金融工具,做到了首付两成甚至一成。

高杠杆是一把双刃剑。当房价横盘时,如果遭遇生活变故,还不上房贷,就只能选择断供或拍卖房产,这时不但房子没得到,还落下一身债。

创业也是如此。当经济高速增长时,敢加杠杆的人,会获得最大正反馈。然而当环境变化时,高杠杆创业可能把你拖入财务深渊。2021年,深圳开始个人破产立法试点,裁定了第一批个人破产清算案,在这些清算案中,因为创业而破产的情况比比皆是。

投资也是具有风险的活动,甚至有人开玩笑说:"钱是花不完的,但是可以亏完的。"投资亏钱的风险往往来自买入自己不懂的资产,比如跟风买股票,最后踩中高点被套牢。

投资亏钱的风险还来自加杠杆,在这种模式下,不仅普通人会破产,高手也很容易亏惨。很多人知道巴菲特和他的搭档芒格,但实际上,他们曾经还有另外一位合伙人,叫里克,他们曾经一起面试各项业务的负责人,但后来里克慢慢消失了。投资人莫尼什·帕伯莱曾当面询问巴菲特里克发生了什么事,巴菲特回忆道:"查理和我一直都知道,我们会变得非常富有,但我们并不急着变富。我们知道这一定会发生。里克和我们一样聪明,但他太心急了。"

在1973—1974年的经济衰退中,里克用保证金贷款来撬动投资,简单来说,就是加杠杆买股票。在两年的时间里,股市下跌了将近70%,于是为了不被清仓,他被迫追缴保证金。同时,他选择卖出账户里的优质资产去避免平仓,把伯克希尔·哈撒韦的股票以每股不到40美元的价格卖给了巴菲特。因为加了不该加的杠杆,里克被迫出售了股票,截至2023年8月31日,伯克希尔·哈撒韦每股价格超过54万美元。

纳西姆·塔勒布说:"拥有优势和生存下来完全是两回事,前者需要后者。你需要不惜一切代价避免破产。"

很多人赚到了钱,却因为乱投资亏掉了全部,甚至负债,这是我们应当竭力避免的风险。

人生还有一类风险,无法预防只能应对,这时要靠保险来转移风险。

我看过一个视频,一个人开着小轿车行驶在高速公路上,这时,一辆大货车从左边的车道快速经过,突然间,一块钢板从大货车上掉下来,砸中了小轿车的玻璃。

人有旦夕祸福,天有不测风云。生活中有些事情我们无法预测,只能提前布好"防护网"。

这时,保险就能发挥非常重要的作用。保险是现代金融行业非常重要的发明,它的核心是投保人通过缴纳一定的保费来转移风险。

举个例子，如果有1万人同时买了一款意外险，每人的保费是150元，那么保险公司就收到了150万元保费。

在这1万人中，假设有100人发生了意外事故，有些状况比较轻，比如骨折、鱼刺卡喉咙；有些状况严重，比如车祸致残。假设保险公司要为这100人共计赔付120万元。

那么，保险公司收到了150万元，赔付了120万元，剩下的30万元减去各种运营成本，就是保险公司的利润。

这就是保险的核心原理，通过这样的机制，可以实现"多赢"：对于买保险后没有赔付的人来说，只是花了一笔小钱，心里感到安宁；对于买保险后发生赔付的人来说，减轻了损失，起到了风险转移的作用；对于保险公司来说，通过细致的管理和运营，实现了企业盈利。

那么保险公司承保的风险到底有哪些呢？具体可以分为三类：分别是意外风险、疾病风险和死亡风险。

意外风险　　　疾病风险　　　死亡风险

很多人一直不清楚这些保险是否有购买的必要，我们先看看风险发生的概率，你可能会更清晰。

第一类可以通过保险来管理的风险是意外风险。

所谓意外，就是无法提前预料的事件。

根据国家卫计委发布的《中国伤害预防报告》，目前意外伤害的发生率呈逐年上升趋势。每年因伤害需要到医院治疗的患者超过6200万人，也就是说，在一年中，超过4%的人可能遇到这种情况。

第二类可以通过保险来管理的风险是疾病风险。

对于小毛病，花个几千元就能治好，大多数家庭能承担。我们最怕的是重大疾病，这些疾病会给家庭带来非常大的负担。重大疾病包括恶性肿瘤、急性心肌梗塞、脑中风后遗症等，中国银行保险监督管理委员会划定的28种重大疾病如下。

28种重大疾病

1	恶性肿瘤	8	急性或亚急性肝炎	15	严重阿尔兹海默病	22	瘫痪
2	急性心肌梗塞	9	良性脑肿瘤	16	严重帕金森病	23	脑炎后遗症或脑膜炎后遗症
3	脑中风后遗症	10	慢性肝功能衰竭失代偿期	17	严重三度烧伤	24	严重脑损伤
4	重大器官移植术或造血干细胞移植术	11	双耳失聪	18	严重原发性肺动脉高压	25	语言能力丧失
5	冠状动脉搭桥术	12	双目失明	19	严重运动神经元病	26	严重慢性呼吸衰竭
6	终末期肾病	13	心脏瓣膜手术	20	重型再生障碍性贫血	27	严重克罗恩病
7	多个肢体缺失	14	主动脉手术	21	深度昏迷	28	严重溃疡性结肠炎

很多年富力强的朋友觉得这些重大疾病只有老年人才会得，跟自己没什么关系。事实真是如此吗？

从中国人身保险业重大疾病经验发生率表（2020）中，我们可以看到一组清晰的数据。

- 中国男性在40岁之前患28种重大疾病之一的概率是2.299%。

- 中国男性在50岁之前患28种重大疾病之一的概率是6.101%。

- 中国男性在60岁之前患28种重大疾病之一的概率是14.865%。

- 中国女性在40岁之前患28种重大疾病之一的概率是2.758%。

- 中国女性在50岁之前患28种重大疾病之一的概率是5.587%。

- 中国女性在60岁之前患28种重大疾病之一的概率是10.086%。

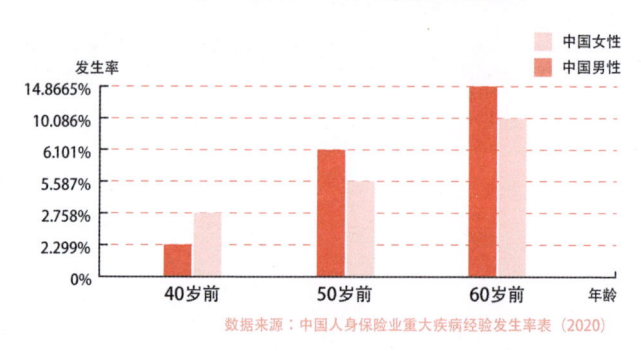

中国人身保险业重大疾病经验发生率

数据来源：中国人身保险业重大疾病经验发生率表（2020）

从这组数据我们可以看出，当一个人处在30～40岁时，正是打拼事业的黄金期，有一定概率会患上重大疾病；到了50～60岁时，患重大疾病的概率就更高了。

所以对每个正在打拼事业的人来说，重大疾病就是潜伏在角落的"隐藏地雷"，一旦暴发，就会给家庭带来重大的负担。

这里的负担分为两部分，第一部分是看病的费用，许多大病的治疗费用在50万元以上，甚至超过百万元；第二部分是因看病不能工作产生的财务损失。

第三类可以通过保险来管理的风险是死亡风险。

生命是最宝贵的。任何一个生命的离开都是巨大的损失。这种损失不仅是整个社会的损失,更是一个家庭的损失。对于一个家庭来说,如果顶梁柱离开人世,往往会造成财务崩塌的情况。

我看到过一个新闻,一位互联网大厂员工在健身房内意外离开人世,他的太太平时在家带娃,无法还月供,只能卖房离开北京,回到老家。

目前中国的人均寿命已经超过了75岁,但是人均只是一个统计学概念,实际上有相当一部分人没有活到75岁。

意外不是我们所能预料的,我们无法抗拒它的发生,唯一能做的,就是提前做好防备,更好地兜底,兜住财富、兜住幸福。

针对刚才谈到的意外风险、疾病风险和死亡风险,保险行业开发了很多产品,我把它们归纳为"人身保险四大金刚"。

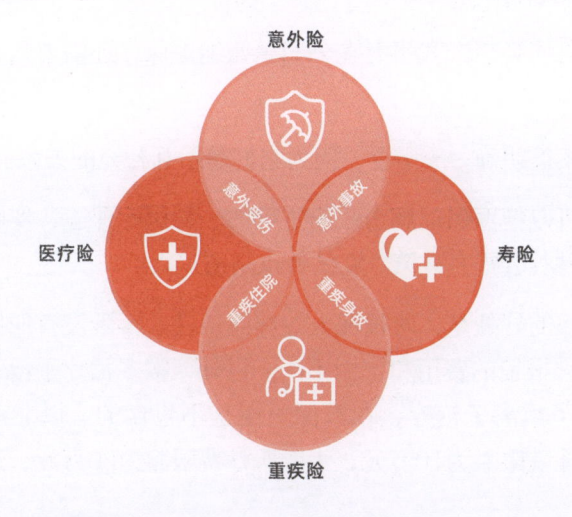

四大金刚第一种，意外险，是对因意外事故导致的伤残或身故情况进行保障赔付的险种。

具体来说，意外险能覆盖因被保险人意外死亡而带来的家庭收入损失、因被保险人意外伤残而导致的收入减少，以及由意外伤害产生的医疗费用。

意外险的保费很低，建议家里的每个人都买，尤其是老人和孩子，他们出现意外风险的概率更高。意外险的优点就是对于健康情况基本没有要求。需要注意的是，意外险的保障期通常是一年，所以一年以后需要续保。

如果你购买了综合型意外险，那么每次坐高铁、飞机时，就不用再单独购买平台推荐的意外险了，因为那种交通意外险非常不划算。但是当你出国旅游时，需要单独购买旅游意外险，因为国内的意外险不对国外的意外事故做保障。

四大金刚第二种，医疗险，对于超过一定金额的治疗费用进行大比例赔付。

你可能会想，我平时在公司里缴纳医保，还需要购买商业医疗险吗？

答案很明确——需要，因为它们是相互补充的关系。

你可以把医保理解为政府主导的一种医疗保险。实际上，医保是一种社会福利政策。它的特点是覆盖人群广。

医保的好处是，对投保人的健康条件、年龄没有任何要求。但是，它报销的费用和比例不高。另外，很多治疗手段，比如癌症的质子重离子治疗，在医保里面是不包含的。以北京职工为例，年住院限额为10万元，大额医疗费限额为20万元，这对于很多重大疾病是远远不够的。

商业医疗险的赔付上限通常在200～600万元，比医保高很多，大家经常听到的"百万医疗险"其实就是它。

医保报销的另外一个限制是就诊医院，用户只有在购买保险时选定的几家医院及一些规定的医院看病才能报销。

但是，商业医疗险几乎没有这个限制，通常可以选择在二级及二级以上公立医院就医。如果购买价格比较昂贵的高端医疗险，甚至还支持私立医院和海外就医。

商业医疗险一般分为两种，分别针对大众和收入较高的人群。

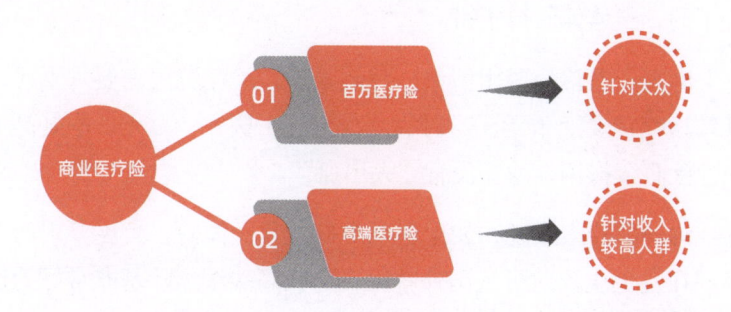

```
                 01 → 百万医疗险  →  针对大众
商业医疗险
                 02 → 高端医疗险  →  针对收入较高人群
```

第一种是百万医疗险，每年保费几百元，最长的可续保20年，主打性价比高，只要符合健康和年龄条件即可投保。

前两年，我给家里的老人购买医疗险时，他们都觉得必要性不大。特别是我的岳父，他是公务员，医疗保障很全面，但我还是给他买了。

后来，他因为眼睛不舒服，在当地找不到好医生，就去北京顶级的医院做手术，花了3万元，医保对异地就医不赔付。通过商业医疗险的在线理赔，就医费用被报销了80%左右，钱直接打到银行账户上,非常方便。

第二种是高端医疗险,每年保费通常需要几千元甚至更多,可以覆盖私立医院、公立医院特需部和海外就医,赔付上限通常可达800万元,而且服务水平更高,对于经济条件不错的家庭来说,是非常好的选择。

我第一次听说高端医疗险是在特斯拉工作时。有一次因为工作太过劳累,我的皮肤出现了问题,然后有人告诉我,公司为每位员工投保了高端医疗险,可去和睦家医院看病。

和睦家医院的环境很好,也很安静。我遇到一位年纪比较大的医生,以前是协和医院的主任医师,他给我看了大约5分钟,开了药,整体体验很不错。

出来一看治疗费用清单,我傻眼了,治疗费用需要六千元,其中诊疗费要四千元。当时我一个月的工资才一万元,幸好高端医疗险直接报销,我才没有"大出血"。

对一部分人来说,如果追求更好的就医体验,有更多用药选择,在发生重疾时可去国外就医,那么高端医疗险是非常好的选择,因为它提供的服务更加个性化。根据产品不同,高端医疗险每年的保费从几千元到几万元不等。

四大金刚第三种,重疾险,本质是对因病而产生的收入损失进行补偿。

医疗险和重疾险听上去差不多,很多人以为,二者买一个就行了。实际上,它们的作用是不一样的。如果某人生了一场大病,治疗了三年,那么他的治疗费用大部分由医疗险覆盖,但休息了三年没有收入,这个财务窟窿怎么补?

这时就用到了重疾险。一旦确认重疾，保险公司就会立刻赔付一笔钱，用来补偿被保险人的收入损失。

另外，医疗险和重疾险覆盖的疾病范围也不一样。对于医疗险来说，只要看病产生的费用超过了免赔额，就可以申请赔付，对于病情种类没有要求；而重疾险覆盖的是那些病情较为严重且治疗费用高昂的疾病。

为了让保险行业更加规范，中国银行保险监督管理委员会划定了28种治疗费用高、发生频率高的重大疾病。对于这些疾病，每个重疾险产品必须覆盖。

实际上，随着保险行业竞争越来越激烈，为了吸引消费者，保险公司不断更新产品，目前大多数重疾险覆盖的疾病范围超过100种。医疗险和重疾险还有一个很重要的差别，就是医疗险买一份就够了，但重疾险可以根据情况买多份，万一不幸确诊，是可以多份保单同时赔付的。

所以，随着收入的增加，重疾险的方案也可以不断更新。每个人都有必要每年调整自己的保险规划，看看是否符合家庭的最新情况。

我刚毕业的时候，收入不高，却担心得了重疾没钱生活，就先买了一份50万元的重疾险。后来随着收入提升，我也在不断进行重疾险加保，目前整体重疾险保额达到了280万元。

四大金刚第四种，寿险，是对去世这种情况进行赔付的保险。

无论由于何种原因，只要被保险人达到医学上认定的死亡或全残状态，保险公司就会按照合同约定一次性赔付保障金。寿险听上去有点儿不吉利,因此很多人对它敬而远之。这个产品比较特别,它的受益人不是被保险人,它保障的是家人的财务安全,所以,买寿险也是对家庭尽一份责任。

和重疾险一样,寿险也可以买多份。我刚毕业的时候囊中羞涩,买了一份100万元的寿险,后来不断增加,目前寿险总保额已达到700万元。

寿险分为两种,一种是定期寿险,例如保障到70岁,这种寿险主要是发挥保障作用,费用比较低。还有一种是终身寿险,无论投保人活到多少岁,都会赔付。因为一定会理赔一次,所以它还起到了财富传承的作用。假如某投保人买了一份400万元的终身寿险,他在90岁去世,那么他的家人就会得到一笔400万元的遗产。

定期寿险和终身寿险,你觉得哪个更好呢?

其实,保险没有好坏之分,主要看个人需求。

如果你希望保险更好地发挥保障作用,且希望总保费低,那么就买定期寿险,例如我目前的寿险都是保障到70岁。如果你希望在保障之外,还能传承一笔钱给下一代,那么终身寿险更适合。

刚才我们谈到了保险四大金刚,对中产家庭来说,其中的每个险种都是必选项。

如果当前经济情况没有那么好,那么每个险种可以先买一个基础版本。随着经济条件的改善,每年做升级计划。就像我自己,刚毕业没多久就体验过高端医疗险服务,但当时经济条件不允许,就先放下了。这两年有条件了,我们全家都配置了高端医疗险。还有重疾险和寿险，随着家庭收入的改善及债务增加，都需要不断迭代升级。

在人身保险四大金刚之外，还有一种保险产品值得关注，那就是房屋财产险。房子是中国人最重要的资产，有遭受各种意外的可能。例如火灾、台风，万一遇到这些情况，怎么办呢？

上保险。很多人知道给车"上保险"，但其实房子更应该"上保险"。房屋财产险每年保费几百元，一般包含建筑主体、室内装修、水暖管爆裂等损失费用，还有一些产品包含室内盗抢责任，比如一家人出门旅游，家里的黄金首饰被偷了，也可以赔付。

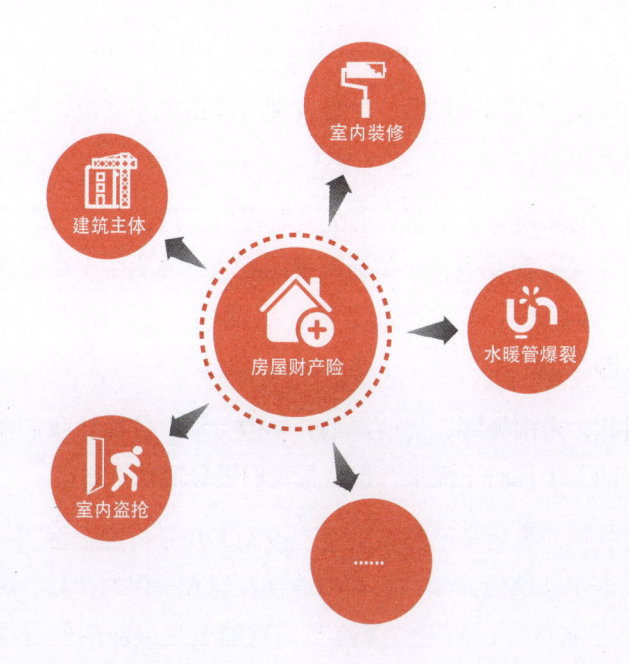

在购买房屋财产险时，有一点需注意，就是最好附加第三者

责任保障。第三者责任保障指对于因房屋内及房屋专属庭院、天台发生意外事故导致第三者人身伤亡或财产损失的，保险公司也会赔付。

总体来讲，保险公司做的事情，就是帮助我们一起应对生活中可能出现的各种意外。保险公司不是做慈善，因此我们的每种应对方案都需要付出成本。

对普通人来讲，每年用家庭总收入的5%~10%去买保险，为家庭构建坚实的防护网，其实是最好的省钱存钱方式。

在日常生活中，人们容易心存侥幸，觉得自己很年轻，各种风险不会发生在自己身上。

我在腾讯工作时，平时和大家聊到保险，大家往往一笑而过。但是他们在体检过后，一旦发现身体出现了状况，就心急火燎地想要投保。

轻微的体检异常是对我们的及时提醒，最怕的是出现重大健康问题。保险行业中有一句话说得很扎心，一生中至少有两次会从心底感到恐惧：一次是发现不能买保险了；另一次是发现保险没有买够。

因此，未雨绸缪，提前规划，早做行动，才能让我们在面对"黑天鹅"事件时不慌张，也会帮我们更好地积累财富。

这些年，为给自己和家人朋友投保，我分析过上百款保险产品。我会不断地做评测，筛选出适合普通人投保的产品，关注公众号"兰启昌"，回复"保险"，就能收到最新的优秀保险清单，涵盖适合年轻人、老人、孩子的全套方案。

4.2 管理消费，从"有钱"到"富有"

对收入不错的人群来说，最普遍的理财问题是什么？

2022年，我开始做财富私董会，帮助新中产家庭做财务规划。我原本以为，大家最常见的问题是投资方面的，但后来我发现，最具共性也最隐蔽的，是大家的日常消费和财务规划问题。特别是收入在快速增加的朋友，因为收入提高，消费水平同步提升，仔细一盘点，发现家庭财富没什么变化，甚至还缩水了。

消费主义是现代社会最大的陷阱。每天，我们都被铺天盖地的广告轰炸，每时每刻，我们都被各种触手可及的商品链接诱惑，在不知不觉间，钱包里的钱就被"偷走"了。

你可能会想，只要收入增加，或者提高投资收益率，是不是就不用省钱了？

答案是：不行。

首先，大多数人的收入有天花板，特别是职场人士，35岁基本就达到了上限，再往后，能维持巅峰状态就很不错了。相比之下，消费水平却会一直提高，从35岁开始进入花钱高峰期，子女教育、父母养老、个人医疗……每一项都是巨大的开销。

其次，提高投资收益比常人想象得难很多。很多名校毕业的基金经理每天工作10小时，就是为了一年下来能多提升1个百分点的收益，更别提还有主业要干的普通人。

举个例子，一个中产家庭有100万元金融资产，即使非常努力地研究投资，1年提升1个百分点的收益，也就增加了1万元。相反，如果能对消费进行合理控制，省出几万元却是比较容易的。

因此，在积累财富的道路上，存钱是比投资优先级更高的事情。

但在这件事上，很多人容易掉进坑里，是因为现代社会创造了消费的三大谎言。

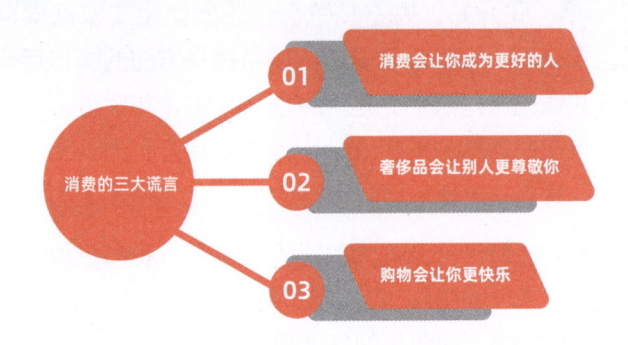

消费的三大谎言：
- 01 消费会让你成为更好的人
- 02 奢侈品会让别人更尊敬你
- 03 购物会让你更快乐

消费的第一大谎言，消费会让你成为更好的人。

你肯定看过各种广告，它们经常向你描述，通过购买某件商品，你会成为更理想的自己：买一双跑鞋，你会成为运动达人；买一台性能强劲的电脑，你会成为效率飙升的职场精英……

这些是真的吗？

也许对1%的人来说，这是真的。但对大多数人来说，这是过度夸大的包装。

行动会让我们变成更好的人，消费会给我们制造变得更好的幻觉。

如果你想变成运动达人，那么最重要的事情是开始跑步，任何一双普通的运动鞋都不会阻止你的步伐。

如果你想变成效率达人，那么最重要的事情是通过列出优先级，把该做的事情一件件完成，否则电脑只会变成"吃鸡"利器。

消费的第二大谎言，奢侈品会让别人更尊敬你。

很多人买名牌包、豪车时有一个底层的想法：别人会因为这些东西更尊重自己。

我们可以换一个角度思考，如果你看到一个人开着法拉利经过，你的第一反应是更尊重这个车主，还是单纯觉得这辆车好看？我们往往容易被奢侈品的外观所吸引，而忽略了拥有奢侈品的人。如果你真心喜欢奢侈品，热爱它的设计、美感、体验，同时完全能够接受它的价格，那么买奢侈品可能是一个不坏的选择。但是，若你只是想要得到别人的艳羡和尊重，那么奢侈品没办法帮你达成目标。

消费第三大谎言，购物会让你更快乐。

你有没有体会过这样的感觉？

当你想买一件东西时，感到很兴奋、很期待，把自己拥有它以后的场景想象得非常璀璨。一旦下单，这种刺激感就慢慢消退，等快递送上门，拆开包装时，你的感受已经很平淡了，甚至还有点儿后悔自己当时的冲动。所以，拥有一件东西没有你想象得那么快乐，在想要而没有达成的时刻是最兴奋的。

实际上，人类的快乐分为两种——兴奋和满足。

兴奋
我们在想象某件事时，大脑会分泌多巴胺，相关脑区会活跃起来，提升大脑的紧张度。兴奋是一种眼前的欢愉。

满足
是实现过程中和完成行动后的快乐，是绵长的平静和满足感，是持久的幸福。

兴奋，指的是我们在想象某件事时，大脑会分泌多巴胺，相关脑区会活跃起来，提升大脑的紧张度。兴奋是一种眼前的欢愉。人兴奋时大脑产生的多巴胺会让人上瘾，消费狂也是一种上瘾的表现。

满足则不一样，它是实现过程中和完成行动后的快乐，有绵长的平静和满足感，是持久的幸福。

与满足最相关的心理状态是"心流"。你沉浸在当下，享受正在做的工作，当你完成以后，你依然会感到轻微的愉悦和欢欣。

当我们破除了消费的三大谎言，就打下管理消费的认知基础。如果我们能意识到消费的三大真相，就会更进一步看清存钱的重要性。

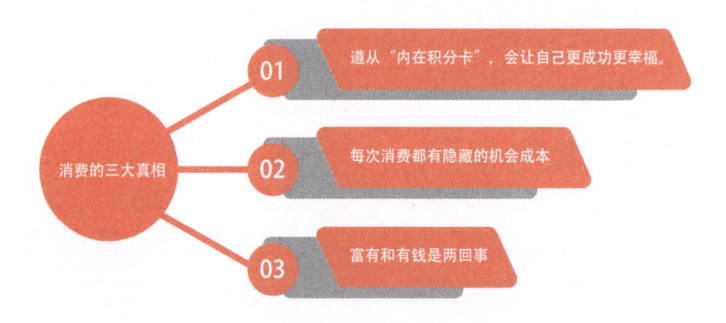

消费的三大真相

01 遵从"内在积分卡"，会让自己更成功更幸福。

02 每次消费都有隐藏的机会成本

03 富有和有钱是两回事

关于消费的第一大真相，遵从"内在积分卡"，会让自己更成功更幸福。

巴菲特曾经谈到，他的父亲对他影响最大的一件事，是告诉他要遵从"内在积分卡"。

巴菲特说："人们行事的一大关键在于，他们是拥有内部积分卡还是外部积分卡。如果内部积分卡能令你感到满意，它将非常有用。"

外在积分卡（The Outer Scorecard）是外界给你打分。最常见的外在积分卡就是名气、地位和他人的评价。

内在积分卡（The Inner Scorecard）是自己给自己打分。最重要的内在积分卡是内心所爱、道德标准。巴菲特把一生献给投资，不是因为他喜欢赚大钱来消费，而是因为他从小就热爱数字，对商业充满兴趣。他6岁时就喜欢记门口的车牌数字，十几岁就开始做小生意买卖股票。

他做着自己热爱的事，不断实现自我的潜能，几百亿美元的财富只是随之而来的副产品。

巴菲特至今还住在1958年花3.15万美元购置的老房子里。2014年，巴菲特购买了一辆凯迪拉克XTS，该车的零售价约为4.5万美元。在此之前，他一直开一辆2006款的凯迪拉克。

关于消费的第二大真相，每次消费都有隐藏的机会成本。

机会成本是一个非常重要的经济学概念。简单来说，你花的每一笔钱，如果用来做其他事情所产生的最好结果，就是这笔钱的机会成本。

我们可以通过传奇投资者约翰·邓普顿的一个小故事来了解机会成本。约翰·邓普顿被《福布斯》称为历史上最成功的基金经理之一，擅长全球投资和逆向投资。

《邓普顿教你逆向投资》中提到，有一天，邓普顿陪孙子出去逛街，孙子想买一个热狗，邓普顿说："如果这几美元用来做投资，未来会变成一千美元。你是想要现在这根热狗，还是未来的一千美元呢？"

邓普顿没有说谎，在他的投资生涯中，他创造了年化收益率

13.5%，50年550倍的业绩。即使普通人达不到邓普顿这样的耀眼成绩，按照年化8%的投资收益率计算，投资50年也会产生46.9倍的回报。也就是说，假如你在25岁花1000元买了一个不实用的产品，相当于你花掉了75岁时4.69万元的退休金。

因此，每笔消费背后都有隐藏的机会成本。如果你选择了享受当下，其实就是放弃了未来的另一种可能。

下一次，当你要消费时，可以问问自己，有没有看到这笔钱的另外一种可能？

先支付未来，再支付现在。当你养成这样的习惯以后，人生会越来越轻松。

说实话，自从我开始研究投资，消费就越来越谨慎了。因为我意识到，每笔钱都是一颗种子，如果把它栽种到投资的田地里，未来就会长成参天大树。

关于消费的第三大真相，富有和有钱是两回事。

有钱是显性的，是外人能看到的表象，比如买名表、戴名包、开豪车。富有是隐形的，是拥有大量的优质资产，如金融资产、一线城市核心地段房产及任何能给你带来正现金流的东西。

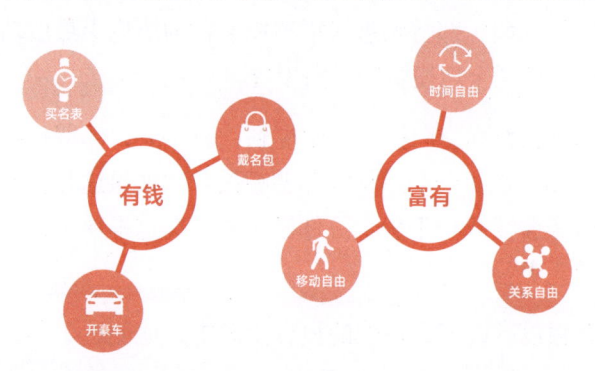

有钱
- 买名表
- 戴名包
- 开豪车

富有
- 时间自由
- 移动自由
- 关系自由

很多有钱人不富有，很多富有的人看上去并不怎么"有钱"。

因此，你会看到，有些人前两年还非常风光，但突然陷入窘境，因为他虽然外在光鲜，但底子薄弱。很多富有的人过着低调的生活，如在广东地区，一些穿着普通的大叔，身价可能非普通人能够想象。

你是想变得有钱还是想变得富有？

有钱让人羡慕，富有让人自由。富有会帮助你实现时间自由、移动自由、关系自由。

如果你想实现富有和自由，那么好好管理消费，留下更多本金就是必经之路。

人们经常说"时间就是金钱"，其实"金钱就是时间"。

当你在买一件商品时，不应该问自己"要花多少钱"，而是要问自己"要花多少时间"？

1994年，耶鲁大学教授，也是后来在2018年获得诺贝尔经济学奖的威廉·诺德豪斯（William Nordhaus）提出了"货币的时间理论"：我们在消费时，真正应该算的是"时间"，产品或服务真正的价格是你需要工作多长时间才能购买它。

举个例子，你一年收入60万元，买一个名牌包花了10万元，那就相当于你用2个月的时间去换了这个包。

你的生命是有限的，你拥有的时间总量能清晰地计算出来。因此，每一项超过生活需求的消费都是在浪费自己的生命。

过去这一百多年，随着技术和经济的发展，人们满足基本生活所需的"时间成本"越来越低,从客观上看,实现时间自由拥有了更好的条件。

衣食住行等各个领域都在发生这样的变化。古代读书人进京赶考,可能要走几个月才能到达北京;现在,坐高铁半天就能到,而所花费的钱,普通人工作几天就能赚到。

所以,不要让欲望超过你的真实需求,消费就不会成为沉重的负担,你会更早地获得人生自由。

我一直在践行一件事,就是让自己的消费水平比收入低一个档次。例如,之前我们家一直没买车,因为觉得开车麻烦,我计算了一下,两个人每年打车的花费也就一万多元,比买车成本更低。

很多人会觉得开车有"面子",但实际上,这种面子是要花钱的。汽车不是资产,而是负债。后来我们有了孩子,家里需要买一辆车,经过商量,我们一致认为,第一辆车可以买二手的。因为我们平时用车的场景少,也不怎么跑长途,更没有通过豪车"装点门面"的需求。

仅仅是买二手车这件事就至少可以节省10万元,在熊市中定投10万元,几年之后,如果投资行情不错,也许就会有一笔盈利了。

让自己的消费水平比收入低一个档次除了可以多存本金,还有一个重要的好处是可以避免自己陷入消费不断升级的陷阱中,从而学会满足当下,感受幸福。

幸福=能力/欲望,如果要提升幸福感,那么提升能力是一条

路，降低欲望是另外一条重要的路。

我根据自己的经历及帮助近两百个高收入家庭做财务规划的经验，总结了"管理消费四步法"。

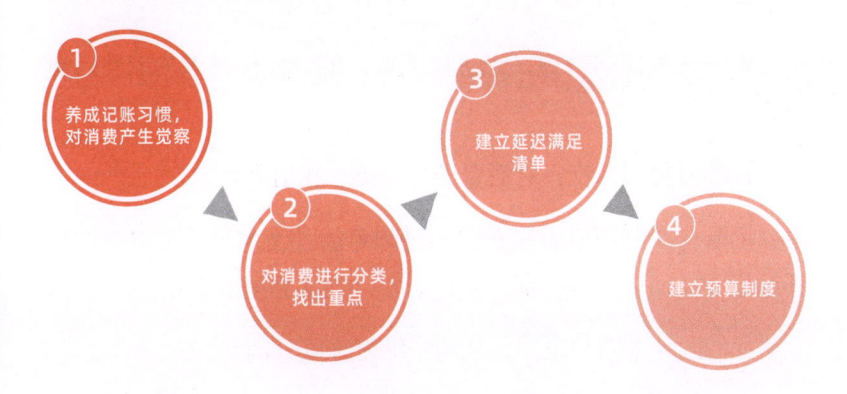

1. 养成记账习惯，对消费产生觉察
2. 对消费进行分类，找出重点
3. 建立延迟满足清单
4. 建立预算制度

管理消费第一步，养成记账习惯，对消费产生觉察。

在做咨询时，我经常会问一个问题：过去一年，你们家花了多少钱？

很多人答不上来，如果大概估计一个数字，会比真实情况少20%~30%。管理型大师德鲁克说："如果不能衡量，就无法管理。"

知道自己到底花了多少钱，是存钱的开始。

因此我推荐大家先记账三个月，清楚自己的消费水平。在记账的时候，有一个小诀窍，就是设置一个最低金额，低于这个金额的消费就不要记账了。比如我的最低记账金额是30元，这样可以减少很多工作。

很多人在记账之前觉得记账非常麻烦，很花时间，实际上这是多余的担忧，我们一般用两周就可以养成记账的习惯。每完成一笔消费，习惯性打开App，用10秒钟记下来，一天下来，花费的时间不超过1分钟。一个月以后，当你看着账单上的总数字，可能会有一种触目惊心的感觉：一个月竟然花了这么多钱？

先不说其他的措施，光这种感觉，就会让你在未来消费时更节制。

管理消费第二步，对消费进行分类，找出重点。

记账一段时间以后，看着超过想象的开支水平，你很可能会开始思考如何省钱了，那么多种消费，该从哪里下手呢？

我们画一个四象限图，从两个维度来区分消费。

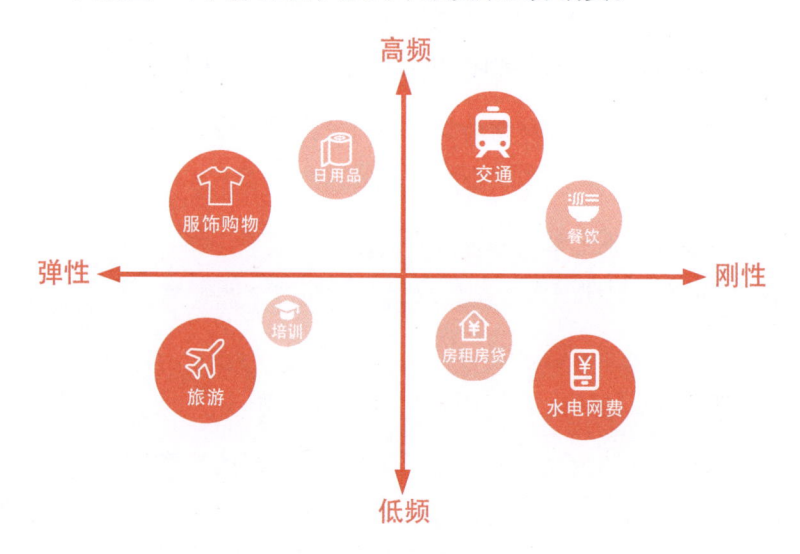

第一个维度，这笔消费是刚性的还是弹性的。刚性是指基本没有节省空间的消费，比如交通费、日常餐饮费。相比之下，弹性就是有很多调整余地的消费。

第二个维度，这笔消费是高频的还是低频的。每天、每周都会有的消费一般算高频的；每月或者每年有一次的算低频的。

这四大类消费，你觉得哪一类是最适合进行管理呢？

你的第一反应可能是管理弹性低频的，实际上，最该管理的是弹性高频消费，因为每一笔钱看上去很少，但积累起来却很多。

比如，对我来说，买书就是弹性高频消费。我看到某条朋友圈或某本书的推荐时往往会直接下单买书，但实际上，书买回来常放在书架上落灰，因为读书的速度远远赶不上买书的速度。

在弹性低频领域，有些消费值得保留，特别是那些涉及人生体验的部分。

比如和家人一起出去旅游，它能非常好地增进家人感情，留下珍贵的回忆。投资有复利，记忆也有复利。你在30岁时和家人一起出游留下的美好记忆，在40岁、50岁、60岁的时候都会让你感到幸福。

管理消费第三步，建立延迟满足清单。

当你找到了重点以后，下一步就是减少这方面的消费。

如果生硬地告诉自己"不能买"，那么心理上会很难受，也很难坚持下去。这时候我们可以用一个好方法：每当你想买一件商品时，就把它记录在一个专门的待办清单里，你告诉自己一周后再来看，那个时候如果依然想买就买。上头时刻总是短暂的，最常见的情况是，过了一周再看那件产品，你会发现并不是非买不可。

我越来越意识到，有节制地消费不仅可以节省金钱，也可以节省空间和注意力。

当家里堆满各种各样的物品时，你的精神状态会受到影响，注意力容易分散，从而影响工作和生活状态。

管理消费第四步，建立预算制度。

对一个公司来说，财务预算是必不可少的制度。如果不提前管理现金流，那么公司一旦陷入财务困境，就很容易破产。在生活中，绝大多数人没有做预算的概念，但它实际上很重要，特别是在经济增速放缓、"黑天鹅"事件频发的大背景下。做好预算，就会心里有底、财务有谱。做预算时，主要是确定三个问题的答案。

> 01 每年家庭花费应控制在什么样的范围内？
>
> 02 除了每年一两次的低频花费，每月的家庭花费应控制在什么样的范围内？
>
> 03 如果预算管理成功，全年能结余多少现金？

第三个问题很关键，因为我们做消费管理的目的就是多存钱，从而能有更多长期投资的本金。

我们来做一个简单的思想实验，假设你当前30岁，准备60岁退休，通过学习投资实现每年6%的长期投资收益率，那么，如果每年多存1万元用来长期投资，30年后就可以多一笔78万元的退休金。

这就是复利的威力。你存下的每笔钱都是一颗种子，经过时间的浇灌，会长成参天大树。

8%的长期投资收益率是普通人可以通过学习达到的目标，下一章中我会细讲。

现在，你可以问一下自己——每年愿意多存多少钱？

你现在的行为会决定你的未来。

我们每存一笔钱，都是在提前赎回自己的"自由"。当拥有了更多财富时，你就可以对不理想的环境说再见，开创属于自己的人生。

时间自由是财富所能带来的最大奖赏。

财富最惊人的回报不是让你自由自在地消费，而是让你拥有极大的自由权，可以实现极大程度的时间自由、移动自由、交往自由和行动自由。

富足人生指南

行动会让我们变成更好的人，消费会给我们制造变得更好的幻觉。

第5章

赚钱飞轮：让金钱自动为你工作

> 一生能够积累多少财富，不取决于你能够赚多少钱，而取决于你如何投资理财，钱找人胜过人找钱，要懂得让钱为你工作，而不是你为钱工作。
>
> ——沃伦·巴菲特

过去10年间，很多人经历了行业的腾飞、收入的增长，积累了财富，但过得很焦虑。

我在某大厂工作的时候，有些同事虽已做到总监或者总经理的位置，但对投资完全不了解，由于害怕亏损，因此把几百万元全存进银行，每年只拿活期存款利息，与此同时，焦虑着已经到来的中年危机，每天深夜才下班。

有的同事则因为觉得钱"烫手"，就盲目投资，结果各种踩坑，将辛苦积累的财富损失大半。

我们分析过，挣钱和赚钱是两种不同的技能。

挣钱，靠手脚，拼的是眼力和体力，勤奋最重要；

赚钱，靠资本，拼的是脑力和心力，认知最重要。

挣钱
- 靠手脚
- 拼眼力
- 拼体力
- 勤奋最重要

赚钱
- 靠资本
- 拼脑力
- 拼心力
- 认知最重要

不幸的是，赚钱这项能力学校基本不教。此外，赚钱还需要不断修炼，和贪婪、恐惧的人性做斗争。

对于积累了一定财富的家庭来说，学会投资理财，让钱自动生钱，是必修课。

5.1 投资不容易，却是家庭必修课

在投资之前，我们先来看看这件事的难度，做好心理准备。

2021年，景顺长城基金、富国基金、交银施罗德基金联合《中国证券报》发布了一份《公募权益类基金投资者盈利洞察报告》，这份报告对过去15年一共4682万个基民的投资业绩做了分析。结果令人震惊。

46.7%的投资者完全是亏损的；46.92%的投资者整体收益率不超过55%，也就是说，年化收益率低于3%。

也就是说，如果你把钱存在银行做定期存款，那么你会胜过93%的投资者。

为什么大多数投资者收益率这么惨淡呢？

你可能会想，是不是因为中国股市不行，导致买股票、买基金的投资者都不赚钱呢？

实际上，截至2021年3月31日，主动股票方向基金业绩指数累计涨幅是910.68%，年化收益率达到16.67%。

即使看沪深300指数，15年间，其也从1061点涨到5048点，年化涨幅是10.96%。

但在15年间,4682万个投资者的平均收益率仅仅是8.85%,请注意,这不是年化收益率,而是综合收益率。

所以,真相非常残酷——15年里,指数上涨了,主动型基金收益很不错,但很多人没赚到钱。

问题出在哪里呢?我们可以用一个公式来总结:

投资实际收益=投资产品收益+投资者行为收益

投资实际收益代表投资者最终赚到了多少钱,它由两部分决定,一部分是投资产品收益,另一部分是投资者行为收益。

如果你没有经过学习,缺少经验,那么投资者行为收益这部分往往是负的,比如短期投机、频繁交易、追涨杀跌等行为及其结果。

证券投资是一个逆人性的游戏,如果做一个跟风者,那么大概率是亏损的。你可能会想,既然投资这么难,那我们可以为了图省事把钱都存在银行吗?大概率是不行的,因为通货膨胀是我们必须面对的情况。看看美国的货币贬值情况,根据经济学家的研究,从1900年至2020年,美国每年的通货膨胀率为3.2%,美元在120年间整体贬值了96%。

古人云,逆水行舟,不进则退。财富也是这样的,要么增值,要么贬值,没有保值的中间选项,核心判断标准就是收益率是否超过通货膨胀率。

当你把钱存下来以后,如果只是把它放在家里,或者放在银行,那么它就会不断贬值,等到你想传承给下一代时,它可能已经失去了大部分价值。

所以，学习投资，不仅仅是为了你自己，也是为了你的家庭，你的孩子。

不仅投资收益可以传承，投资能力、财商也可以传承。如果你从小和孩子普及财商知识，帮助他们正确理解财富规律和资本市场，那么等他们长大时，他们就更有可能成为成熟的投资者，让投资为人生保驾护航。

5.2 守住能力圈，先胜而后求战

容易导致负收益的行为包括：短期投机、频繁交易、追涨杀跌，你可能会想——我是不是直接避开它们就好了？

实际上，这三种行为是表象，如果我们想避开它们，那么不应该只盯着表面动作，而是应该盯着更本质的规律。

打个比方，你在高速公路上开车，如果和其他车辆相撞，肯定会酿成大祸，那么，我们要做的事情是不停默念"不要撞车"吗？

不，我们要做的更重要的事情是看向远方，保持在正道中间行驶，注意道路标志牌，关注路况，只要不加速就把脚放在刹车上。

投资也是这样的，需要"正本清源"，本就是最核心的底层规律。当你掌握了底层规律后，自然就远离了错误行为，并能得到丰厚的收获。

投资盈利的底层逻辑，就是守住能力圈，发展能力圈。

为什么同样是投资,有些人可以长期赚到大钱,有很多人却亏了很多?

因为每个人的能力圈不一样,如果一项投资在你的能力圈范围内,你大概率会赚钱。

当牛市来临时,我们总是会听到很多发财的故事,身边的同事、朋友因为买了某某股票赚了几百万元,然后,你内心的小火苗开始燃烧:要不我也试试?

一般来说,这种尝试的结果往往是悲剧。

当你投资了一项你不了解的资产时,涨的时候,你害怕随时会跌;跌的时候,你害怕自己是最后一棒,被套牢在山顶。

实际上,当一项你平时没关注的资产突然爆火,很多人因此赚钱时,往往说明其到了泡沫的后期,如果你盲目进入,那么你将很容易亏钱。

所以,在投资中,明确自己的能力圈至关重要。

巴菲特曾经说:"如果你知道了自己能力圈的边界,那么你将比那些能力圈虽然比你大 5 倍却不知道边界所在的人要富有得多。"

查理·芒格也说:"你必须弄清楚自己有什么本领。如果要玩那些别人玩得很好、自己却一窍不通的游戏,那么,你注定一败涂地。要认清自己的优势,只在能力圈里竞争。"

那么,怎样判断自己的投资能力圈呢?

我提炼了"能力圈五问",可以帮助你清晰地判断自己是否理解一项投资。

- 01 为什么它值得投资？
- 02 从10年角度来看，年化收益率预期是多少？
- 03 这项投资有可能损失全部本金吗？概率有多大？
- 04 当下投资，最大下跌幅度大概是多少？
- 05 现在估值是贵还是便宜，可以买吗？

第一个问题，是让你梳理一项投资的底层逻辑。

例如我们买沪深300指数基金的底层逻辑，是因为沪深300指数代表了中国市场中最优秀的一批上市公司的价值，只要中国经济长期增长，沪深300指数基金就会取得不错的收益。

第二个问题，是让你对收益率有大致的预期，心里有谱。

例如买沪深300指数基金，过去18年，它的平均年化收益率在8%以上，那么未来10年，它的平均年化收益率大概率也会在8%上下浮动。

第三个问题，是让你明确这项投资的最大风险，看看是否可以接受。

有些资产是可能接近归零的，例如股票。

恒大曾经是中国房地产行业一哥，2017年，它的股票市值在巅峰时超过4000亿元，2023年8月，它的股票市值跌到了36亿元，6年时间，跌幅超过99%。

这也是大多数普通人不适合直接买股票的原因。如果你没有做充分的研究，对行业周期、企业的商业模式了解不够，那么万一遇到恒大这样的股票，你的财富就"打水漂"了。

事后来看，很多人觉得恒大出问题很正常，但在2017年，市场一片乐观，因为刚经历了一波房地产牛市，恒大的股票在两年内涨了10倍。

很多人在恒大股票上赚了钱，甚至有投资者写了一本书，将恒大作为价值投资的范例。

在资本市场中，很多曾经呼风唤雨、一时无两的公司，最终落得一败涂地的下场。

为什么普通人初学投资时，适合从大盘指数基金开始？

因为大盘指数基金是"不死"的，无论跌多少，它的价值终究会回归。

以沪深300指数为例，它包含的是国内各个行业300家规模大、流动性好的上市公司，如果某家公司出了问题，就会把它剔除，换新的公司进来。

如果说一家公司是一棵树，有枝繁叶茂时，也有枯萎落败时；那么指数就是一条河，不断地吸收新支流，向前奔涌，滔滔不绝。所以，巴菲特对普通人的建议是买指数基金，而不是买股票。

2021年，巴菲特在股东大会上说："等我死后，有一个基金留给我的遗孀，其中90%用来投资标普500指数基金，10%用来投资国债。"

第四个问题，设想投资后的最大跌幅，不是让你预测市场走势，而是让你为可能的下跌做好心理准备。

从短期来看，市场的涨跌是无法预料的。即使像巴菲特这样的投资大师，在买入一家公司后，也经常遭遇20%、30%的下跌。

巴菲特曾在1961年的年终报告里写给合伙人：我无意预测股票市场或者某只股票一年或两年内的走势，因为我对此一无所知。同样是在那封信中，他写道：

我不知道市场何时上涨或下跌，我也不认为这对一个长期投资者有什么意义。

我们无法预测市场的准确走势，但我们可以询问自己：现在买入，是不是有可能下跌？有可能会跌到多少？我能否承受？

当你问了自己这样的问题后，你就会意识到买入并不意味着立刻赚钱。

即使在2023年整个市场估值不高的情况下，我在持续买入沪深300、中证500等指数基金时，依然做好了整个市场继续下跌，甚至下跌20%的心理准备。

一旦你做了最坏的打算，你就不会被坏消息吓跑，也不会轻易割肉，从而等到胜利的曙光。

第五个问题很重要，即使是买好资产也要看估值，贵了就等待，低了就动手。

2020年年末，投资者很开心，接踵而至的全球放水，刺激股市走向了高潮。这个时候，市场上开始流行一种论调：对于好资产，不用看价格高低，只要你买入，长期拿着就肯定会赚钱。

2021年2月，我在2020年的投资复盘中提到：

> 段永平曾经在雪球上说过一段话，大意是，持有这个动作，相当于你在如今这个价格买入。
>
> 在2020年这种市场环境下，很多人将这句话延伸，认为如果可以以当下的价格持有XX，就可以选择买入。
>
> 这种理解是极其危险的。

段永平是绝对的长线投资者，非常注重以股权思维看待股票投资。我猜想，他所拥有的二级市场股票资产，应该也只是家庭总资产中占比不高的部分。

普通人缺少本金。如果在相对高的位置买入，那么以3~5年的周期来看，收益率很可能会不理想，在这种情况下，能不能拿得住优质股票，就很难说了。

目前，虽然上证指数在3500点，但其实A股已经进入牛市区间了，沪深300指数也达到了2015年的高位。只不过，相比于以前牛市流行炒小盘股，这次大家一窝蜂都去拥抱龙头股。越来越多的人坚信：只要买好公司，价格不重要。

这非常误导人。

人性永恒不变，所以历史反复重演。

在美国20世纪的"漂亮50"泡沫中，很多人亏钱了。漂亮50，是指在20世纪六七十年代的美国，被公认为应该坚定地购买并持有的50只最流行的大市值成长型股票，它们有共同的特征，比如强劲的基本面、出色的资产负债表、强大的品牌和不容挑战的地位。

这些词听上去是不是很熟悉？是不是和当下某些投资者倡导的"买入优秀公司的股票没有风险"很像？实际上，在1973—1974年，美国出现了股市大崩盘，而这次崩盘的元凶，就是之前被市场极端追捧的"漂亮50"。

前两天，我在即刻平台发了一条动态：茅台是一家伟大的公司，但在50倍PE时买入其股票，大概率不会是伟大的投资。不仅仅是消费，在医疗、新能源等赛道中都出现了类似的情况。人们展望着10年后的终局，非常兴奋，而忘记了买入价格的重要性。

再次回顾巴菲特对投资的定义：在合理的价格，买入优秀公司的股票，长期持有，获得合理的回报。

对于"合理价格"，仁者见仁智者见智。但如果你真正在乎安全边际，希望实现长赢，那么你或许可以把"合理价格"改成"低估价格"。

从5~10年的周期来看，买入的价格会对你的投资收益率产生巨大的影响，也决定着你在价格回调时能否"拿得住"。

人不是机器，投资不仅涉及知识，还和人的心理因素息息相关。我们应主动创造长期持有的有利条件，尽量少地让自己接受严峻的考验。

在低估时买入会为你带来更大的保障，也会让你在熊市时有足够的信心继续"航行"。

巧合的是，这个投资复盘的时间点，几乎是这一拨牛市的顶点。

从2021年2月到2023年8月，沪深300指数下跌34%左右，如果你因为跟风买入了各种优质公司，那么下跌幅度可能更大。

被称作"酱茅"的海天味业下跌超过60%；被称作"医茅"的恒瑞医药下跌超过50%；被称作"眼茅"的爱尔眼科下跌超过50%。

因此，好资产+低价格才是长期盈利的核心法门。

在2023年买入沪深300指数基金比在2021年年初买入沪深300指数基金具备更高的估值安全性，未来上涨时也会获得更大的收益。

人性很有意思，在牛市时，人们挤着"上车"，但到了熊市，价格很低时，人们反而非常悲观。

如果你想买一样东西，例如一辆车，那么当它打折出售时，你会开心还是难过呢？绝大多数人是开心的，因为你可以用更低的成本拥有它。但在投资熊市时，你想的却是：这辆车是不是有问题？它会不会开了1000公里就出事？

每当市场行情不好时，都会有各种各样的传言，导致人心恐慌。最近这5年，我经历了3次这样的节点。

第一次在2018年，贸易摩擦导致信心不足，市场基本从年头跌到年尾。

第二次在2020年年初，A股大跌，美股也多次熔断。2020年2月3日，千股跌停，这在历史上非常罕见，当时朋友圈一片唉声叹气，我在公众号发表了文章，提出了不一样的看法：如果你相信中国长期发展的国运，如果你有一笔5年不用的资金，这就是加仓的好时机。

当我发表这篇文章时，我心里也有一些恐慌，因为当时正在经历我们这代人从未见过的大场面，但现在来看，"轻舟已过万重山"，人类总会克服各种困难。我当时以为，那笔加仓需要等待很久才会盈利，但没想到，2020年下半年就迎来了波澜壮阔的上涨。这就是市场的神奇之处，它不会按照大众设想的剧本发展，如果你按照短期预测做投资，大概率会常常犯错。

当我写本章内容的时候，正值2023年8月，这又是一个令人恐慌的节点，经济遭遇挑战、房地产市场亟待转型、外部形势严峻……

在这个时刻，我依然选择相信未来，相信中国经济长期发展的潜力。投资道路从来不会一帆风顺，但这也是我们的机会。既然选择了相信远方，就不怕风雨兼程。

如果每次做投资时，我们都向自己提出"能力圈五问"，投资犯错的概率就会大大降低。如果你想成为一个更好的投资者，那么我建议你在每次投资时，都记录下这五个问题的答案，等1年、2年、3年后再回看当时的判断，就可以清晰地做出复盘，知道自己当时的判断是否准确。

投资的本质是决策，"能力圈五问"可以帮助你将隐性的思考决策过程显性化，并且留下记录，从而方便总结和提高。长此以往，你的决策能力会越来越强。

如果回答不出来这五个问题，该怎么办呢？

第一反应，这项投资不能做。

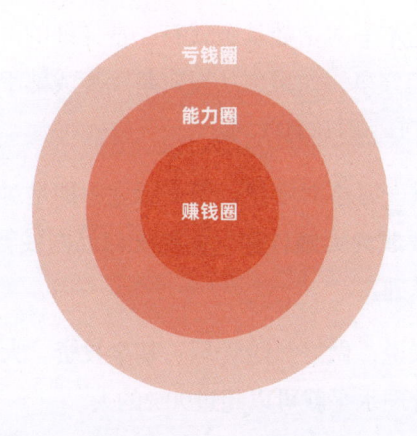

在能力圈内投资，大概率会赚钱。因为在跌的时候，你有理性和信心做支持，你能拿得住。而当涨到一定程度时，你也知道风险加大，可以适当卖出。

在能力圈外投资，大概率会亏钱。不论涨跌，你都会惴惴不安，提心吊胆，即使运气好赚钱了，也损失了好心情。

在投资中，流行一个词——抄作业。我强烈反对这种做法，即使你抄的是巴菲特的作业，也不一定赚钱，巴菲特买IBM、买航空股都亏钱了。

我们可以参考其他人的投资理由，但最重要的是，要形成自己的判断框架。

第二反应，我可以学。

没有人天生会投资，世界上最有魔力的四个字是"我可以学"。如果你当前的能力圈比较小，没关系，你可以通过学习慢慢扩大能力圈的边界。

如果你不懂指数基金，那么你可以认真花时间去了解，《我们终将变富》这本书对指数基金就有非常详细的讲解。我经常和私董会的朋友们分享，如果想从投资新手变成熟手，那么最核心的功课是投入100小时认真学习。

我们都听过一万小时定律，但实际上，那是对世界级大师的要求，你不需要成为大师，你只需要把自己的钱管好就行，100小时足够打好基础。

对普通人来说，做好风险管理、基金投资、大类资产配置这三件事，财富管理水平就可以超过90%的人。

至于那些复杂的期货、期权、对冲、外汇，你根本不用涉足，因为每多了解一门技术，可能反而多了一门亏钱的手艺。

巴菲特说："投资中最重要的事情有两件，第一件是不亏钱，第二件是不要忘记第一件。"

《孙子兵法·形篇》中写道："故善战者，立于不败之地，而不失敌之败也。是故胜兵先胜而后求战，败兵先战而后求胜。"

这段话的意思是，善于用兵打仗的人，先让自己立于不败之地，并且不放过敌人的漏洞，从而取得胜利。所以，能打赢的军队应先做到主动防御，立于不败之地，再去和敌人交战，而那些不等待时机鲁莽发动进攻的军队往往打败仗。

投资也是如此，坚持能力圈，做好防守，不让自己轻易失利，然后等待敌人，也就是市场犯错。当市场大跌，好资产价格被低估时，果断出手，从而奠定胜局的基础。

我一直很喜欢一句话：不会重来就是快，可以积累就是多。以慢为快，以守代攻，才是真正的大智慧。

5.3　穿越周期，让财富上一层台阶

在做投资时，你是不是希望发生这样的情况：一旦买入，资产就不断上涨。

在真实的世界中，这样的投资不存在，真实的投资往往有两种。

第一种是短期不断震荡，长期趋势向下。

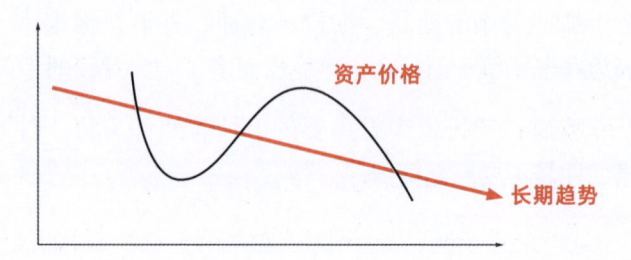

[图：资产价格短期波动，长期趋势向下]

上图看上去很扎心，但不幸的是，现实生活中的很多投资都是这样的，甚至大多数上市公司也如此。所以，在投资中选择"好资产"至关重要。好资产有一个特点，就是未来10年处于向上的趋势中。

要判断一家公司未来10年能否长期向上很难，回首过去的10年就可以知道，很多极其风光的大公司倒下了。判断指数的趋势就简单得多，比如对于未来10年指数基金的情况，我认为大趋势肯定是向上的。

第二种是短期不断震动，长期趋势向上。

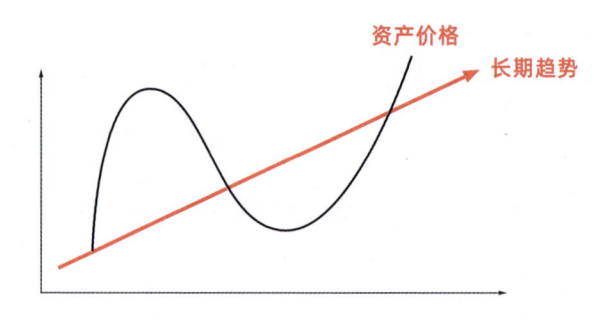

[图：资产价格短期波动，长期趋势向上]

相比之下，做这样的投资是不是就好很多了？

只要长期趋势向上，你大概率就会赚钱。但是，做这样的投资也不容易。因为，从1~3年的周期来看，它依然会有巨大的震荡，让投资者产生很多恐惧和贪婪的情绪。

为什么会有这样的震荡呢？核心原因是周期。所谓周期，就是资产的价格围绕合理的估值水平上下波动。周期是投资中永恒的现象，就像马克·吐温所说的，历史不会重复自己，但总是押着同样的韵脚。

为什么市场周期会反复出现？底层原因有两个。

经济周期　　心理周期

第一个，经济周期。

每个国家的经济都会经历周期性变化，这种周期长期受人口、科技发展、教育、工作水平等影响；短期受货币政策、财政政策、"黑天鹅"事件等影响。

如果说经济是一片汪洋大海，那么股市就是海上的一艘大船，只要大海泛起波涛，大船肯定会上下颠簸。

第二个，心理周期。

每当大环境变化，引发经济调整并带来股市震荡时，总会刺激人的心理波动。

情绪是波动的放大器。如果经济的真实波动是1，那么人们的情绪波动可以达到10，甚至100。

2020年年底，市场经历大牛市，人们突然变得很狂热，感觉再不投资就晚了，买白酒、买医药、买互联网，生怕错过。每隔

3~5年，就会有一次典型的情绪周期。就像投资大师霍华德·马克思所说的，大众从贪婪到恐惧、从乐观到悲观、从风险忍受到风险规避、从信任到怀疑、从相信未来的价值到坚持现在要有实实在在的价值、从急于购买到恐慌卖出……

周期是投资者最大的敌人，也是投资者最好的朋友。对90%的投资者来说，周期会让他们的投资更难，因为要面临恐惧和贪婪的考验；对10%理性、冷静的投资者来说，周期会帮助他们获得超额收益。

那么，我们该如何判断周期呢？

有两种方法，一种是定性的方法，一种是定量的方法。

定性判断周期的方法就是去观察身边人的情绪，对当前的市场状态产生感知，具体包括"机场指标""电梯指标""微信群指标"。

2015年A股经历牛市时，我在首都机场候机，周围80%的人都在谈论股票，大家相互推荐："你看这一只，昨天刚刚涨停""我这一只也不错，一个月赚了50%"。

后来我在腾讯工作时，发现一个很有趣的现象：每天中午大家乘电梯去食堂吃饭时总会闲聊，如果某段时间在电梯里频繁听到同事们交流腾讯股票，那么股价大概率处于情绪高点。

除此之外，微信群也是一个非常有价值的观察场所。

在投资理财类社群中，当经历牛市时，一天可能有成百上千条消息，群友们热情洋溢，甚至喊出"拿住XX，别墅靠海"的口号；等到熊市真正来临，适合投资时，大多数社群反而变得很冷清。

定量分析周期的方法，就是通过股债收益率差这个指标，来判断股票市场当前整体的估值是否便宜。

股债收益率差即股票市场投资收益率与债券投资收益率的差值，这个值越高，说明股票市场的投资性价比越高。

以A股为例，股债收益率差=1/沪深300指数PE-中国10年期国债收益率。其中，10年期国债收益率可以等同于无风险收益率。沪深300指数PE值的倒数，等于股票市场的收益率。

我们都知道，PE=市值/利润，为什么沪深300指数PE值的倒数，也就是用利润除以市值，可以代表股票市场整体收益率呢？

因为沪深300指数是A股最具代表性的指数，如果我们把沪深300指数看作一家公司，以2023年9月初为例，它的市值是50万亿元左右，年利润大概是4.23万亿元，那么PE值就等于市值除以利润，约为11.8。

如果我们用利润除以市值，相当于用当前的市场价格买下整个公司，看看每年的收益率是多少，用4.23除以50，约等于8.46%。

举个例子，在2023年9月初这个时间点，买沪深300指数基金，预期收益率大概是8.46%，这个阶段10年期国债收益率是2.61%，那么股债收益率差就等于5.85%。也就是说，如果当时买沪深300指数，那么长期来看，每年的收益率预估会比买国债高5.85%。

如果我们把历史上的股债收益率差集合在一起，就会得到一系列的数据，然后对比当下的数值处在历史的什么位置，就可以清晰地看到我们处在怎样的阶段，以及整个A股是否便宜。

我们以2023年9月4日这一天为例，来看看具体的情况。

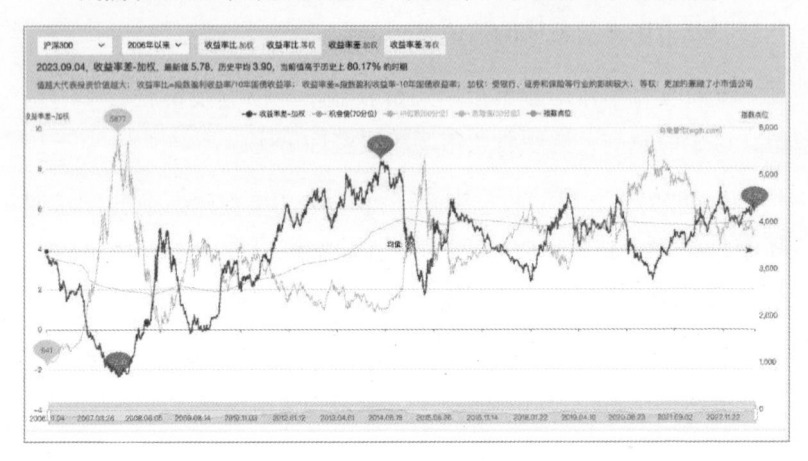

当天，股债收益率差的具体数值是5.78%，这个数值比历史上80.17%的时间更高。也就是说，在当时买沪深300指数基金，是一件性价比很高的事情。

越是市场价格表现不好的时候，股债收益率差就会越高，即越适合投资；越是牛市，股债收益率差就会越低，即投资的性价比越低。

很多人说巴菲特的名言"在别人恐惧时贪婪，在别人贪婪时恐惧"没有实操性，如果你搞懂了股债收益率差，就会清晰地看到其实操性：市场周期处在什么位置，你应该恐惧还是贪婪。

那么，是不是我们掌握了判断周期的方法，就一定能做到逆周期投资呢？

没那么简单，因为投资最难过的不是认知关，而是情绪关。

巴菲特的老师、价值投资之父格雷厄姆著有经典投资图书《聪明的投资者》，很多人以为，聪明是指智商高、算得快。但在格雷厄姆看来，聪明和智力关系不大，"它只意味着一个人有耐性、纪律，并且有渴望学习的态度，还能够掌控自己的情绪，懂得反省。"格雷厄姆解释说，这种"聪明"是指性格方面的特质，而不是智力。

无论你在认知层面取得了多少进步，都只有亲身经历过周期，才能真正地学会情绪管理，才有可能成为成熟的投资者。

一个投资新手要经历三个周期才会真正成熟。第一个周期学习，第二个周期进步，第三个周期赚钱。

第一个周期主要是交学费，你大概率会和其他人一样，甚至比其他人恐慌时更恐慌，比其他人贪婪时更贪婪。

在这个周期中，最重要的是不断提高认知，并且严格控制自己投入市场中的金额，最好是只用一小部分钱做投资，因为你的心态很容易受市场情绪影响。

建议你写"投资日记"，每当做决策时，记录思考过程，当情绪受到市场影响而起伏时，记录下自己的感受。

第二个周期是不断进步，此时你已经有了认知，并且有了上个周期的切身经历，你变得不太一样了。

这个周期中，你要做一个旁观者，冷静地观察市场参与者的情绪，培养自己的"第二层思维"，同时开始逆向投资。

第二层思维的概念来源于霍华德·马克斯，他说，如果你想超越市场平均水平，就必须比常人思考得更深入，甚至得出不一样的观点。举个例子，牛市来临时，股价大涨，拥有第一层次思维的人说："未来前景一片大好，企业的前景无限，我们应该买进。"

拥有第二层次思维的人说："这是一家好公司，但人人都认为如此，所以它不是最佳选择。因为它的股票估值过高，我们应该卖出。"

当熊市来临时，拥有第一层次思维的人说："未来经济前景黯淡，我们应该卖出资产"。

拥有第二层思维的人说："大家都在抛售，悲观的预期已经充分体现在价格上，现在估值很低，我们可以选择合适的资产买入。"

当市场狂热的时候，你能看到悲观的一面；当市场绝望的时候，你能看到乐观的一面。此时，你的功力已经大长。

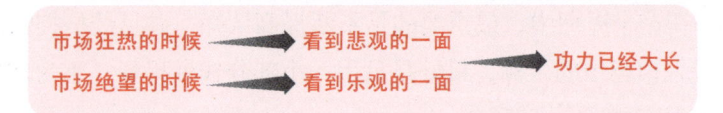

市场狂热的时候 ➡ 看到悲观的一面
市场绝望的时候 ➡ 看到乐观的一面 ➡ 功力已经大长

第三个周期的目标是盈利，你拥有了充足的经验，可以把家庭资产中比例更大的一部分拿出来投资，在低估的时候投入，在高估的时候止盈。

经历了过去这些年市场的巨大波动，我已经很少恐惧了。我更多思考的是，在管理好风险的前提下，尽可能地在低估区间内把现金换成优质资产。

司马迁在《史记·货殖列传》中记录范蠡的故事，总结范蠡的经商之道为"贵出如粪土，贱取如珠玉"。范蠡多次创造巨额财富，而且功成身退，他的经商方法和价值投资有很多相似之处，当价格上涨时，要把货物像倒粪土那样卖出去；趁价格下跌时，要像求取珠玉那样收进货物。

丘吉尔说，永远不要浪费一场危机。这句话对投资来说尤其适用。

当你成为聪明的投资者后，每一次大周期都是让财富晋级的机会。只要抓住人生中少数几个大机会，财富水平就会有巨大的飞跃。

5.4 做好资产配置，让财富稳健增长

当你做出了正确决策后，投资之路就会一帆风顺吗？

并不是。

长期持有的过程对投资者是一个大考验，即使你买对了资产也有可能拿不住。

很多人常常会抱怨："当时我买了……但因为……没拿住，错过了后面的上涨。"

这种抱怨有些流于表面，为什么会没拿住呢？

如果你买的是自己能力圈内的资产，最后没赚到钱，最核心的原因有以下两个。

第一，投资期限和资金期限不匹配，短钱长投。

例如，明年你要买房，目前手头有一笔首付，你觉得将这笔钱闲置比较浪费，就用来购买沪深300指数基金。你对沪深300指数有比较多的了解，知道当下沪深300指数处在低估的状态。

这种投资行为仍然是不妥当的，因为即使沪深300指数处在被低估的状态，也不代表它马上就会上涨，它有可能继续在低位震荡很长一段时间。

我们在价格低估时买入一项资产，核心依据是资产的价值会"回归"，那么，价值多久会回归呢？

这个问题没有标准答案，但从大量的数据回测来看，如果你投资权益类资产，也就是股票或者股票类基金，那么你需要做好3年不能盈利的心理准备。

第一年因为低估买入，第二年继续低估，甚至还下跌了20%，如果你着急用钱，就只能"割肉"了。

第二，投资过分集中，导致波动太大。

你是否听过这样的投资理论：波动代表风险，风险越大，收益就越大。

如果想获得更高的收益，就只能承受更大的波动。很多人会因此形成错误的判断，投入了自己不适合的"高波动游戏"。2021年《公募权益类基金投资者盈利洞察报告》对那些成立满3

年的基金进行了分析。

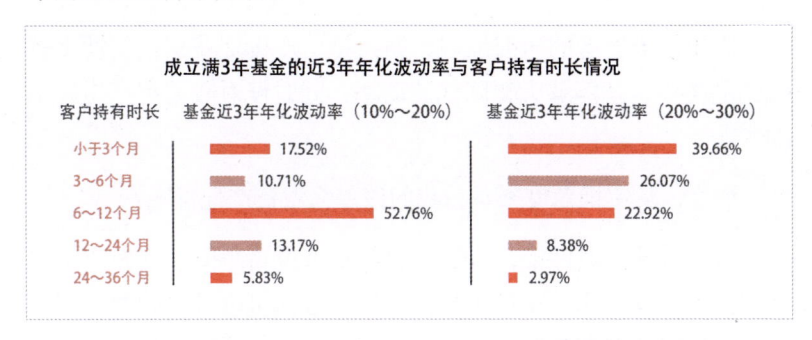

成立满3年基金的近3年年化波动率与客户持有时长情况

客户持有时长	基金近3年年化波动率（10%~20%）	基金近3年年化波动率（20%~30%）
小于3个月	17.52%	39.66%
3~6个月	10.71%	26.07%
6~12个月	52.76%	22.92%
12~24个月	13.17%	8.38%
24~36个月	5.83%	2.97%

从上图可以看到，客户持有一只基金的时间，和基金的年化波动率有比较明显的相关性。

例如，当基金年化波动率达到20%~30%时，39.66%的投资者的持有时间不超过3个月。

我们之前已经分析过，持有时间越长，实现盈利的概率越高。所以，如果一个投资产品波动过大，则会导致你"拿"不住，从而更可能亏钱。应该如何让资金和投资期限更匹配，如何降低投资组合的波动呢？

核心的方法是做资产配置。资产配置是指根据投资者的风险承受能力和投资目标，把资金分配在不同的大类资产上，比如股票、债券、现金等，从而降低波动，获得长期不错的回报。

请注意，这段话有一个关键词——大类资产。把资金分散投资到A股市场的股票甲、股票乙、股票丙、股票丁并不是经典的资产配置，因为它们都属于股票这一大类资产，而且还同处在一个市场中。

诺贝尔经济学奖得主哈里·马科维茨说："资产配置多元

化，是投资市场唯一的免费午餐。"

他和很多学者的研究证明，如果将资产投资在非相关性比较强的品类中，就能够大幅降低波动率，同时仅对收益率产生较小的影响。

那么，从实操角度来看，我们该怎么做资产配置呢？

结合各种经典理论，再加上我给几百位高净值家庭做资产配置咨询的经验，用一个简单易行的操作方法可以解决问题，那就是资产配置金字塔模型。

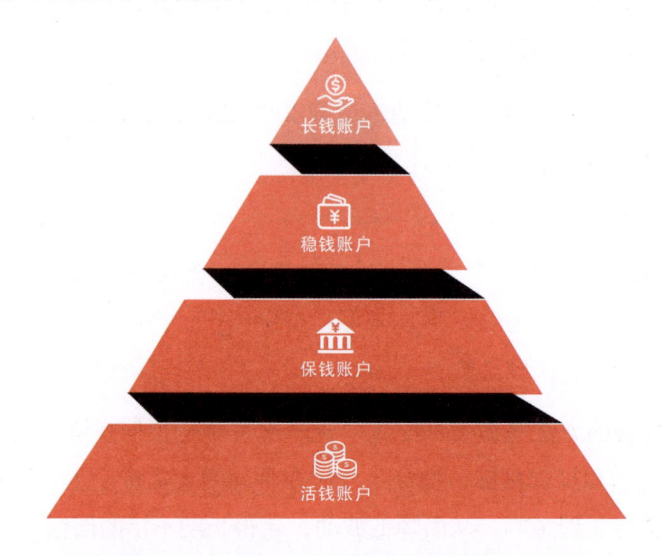

长钱账户

稳钱账户

保钱账户

活钱账户

在这个模型中，从下向上，依次是四个账户。

第一个，活钱账户。

这是优先级最高的账户，要提前准备好1~2年的家庭生活备用金。这些钱平时投在安全性最高、波动最小的货币基金中。

第二个，保钱账户。

优先级第二高的账户，要准备未来1~2年用来买保险的资金。

保险分为两种，一种是纯粹的保障型保险，就是我们之前谈到的"4+1"种保险，包括意外险、医疗险、重疾险、寿险和房屋财产险。

还有一种保险是储蓄理财型的，就是我们通常所说的"养老金""教育金"等，这类产品本质上是保险公司帮你做资产管理。目前内地储蓄险长期年化收益率大概在2%~3%，香港储蓄险长期年化收益率大概在5%~6%。

香港储蓄险的品种很多，条款复杂，如果你想了解它们的特点，找到适合自己的产品，为养老、教育做好长远规划，请关注微信公众号"兰启昌"，回复"香港保险"就能免费领取一份全方位课程。

当保钱账户里的资金暂时用不到时，可以将其投在波动比较小的纯债型基金中。

第三个，稳钱账户。

如果未来3年内有一笔钱明确要用，比如买房付首付、结婚、孩子上学等，那么这笔钱应该放在稳钱账户内。

可将稳钱账户中的钱投资到纯债型基金或积极型债券中，这类投资的长期收益率可能在4%~7%，最大回撤率可能会在5%~10%。

第四个，长钱账户。

这里面的钱用来做3年以上的长期投资，目标是在风险可承受的范围内追求更高的收益率。

长钱账户中的钱的投资选择比较多，可以投到指数基金、债券型基金、黄金等产品中。长钱账户里的钱可能会发生比较大的波动，所以我们要做好至少持有3~5年的心理准备。

这四个账户有严格的优先级，从下向上，依次递减。当你做好了生活保障、风险管理及短期用钱的准备后，剩下的钱才适合用来长期投资。

如果光顾着投资盈利而忽略了守护财富的基座，那么最终会得不偿失。

你可能会问，这四个账户，有没有建议的资金分配比例呢？

没有明确的比例，因为每个家庭的情况不同。

例如，一个刚毕业3年的大学生和一个亿万富翁，他们的长钱投资账户的比例，一定有着巨大的不同。

但是，在实际的资产配置操作中，有两种极端情况是我们应该避免的，这也是我在给客户做资产配置咨询时经常发现的情况。

第一种极端情况是金字塔底层太薄弱。激进有余，防守不足，家庭财富容易遇到危险。

一般来说，一个人如果处于快速增长的行业里，收入不断提高，或者在某种投资中赚到了大钱，就容易出现这种情况。

就像2010—2020年，互联网行业蓬勃发展，很多大厂员工收入不断飙升，同时在买房上赚到了钱，他们可能会变得越来越激进，在买房上加了过多的杠杆。

在顺风顺水时，这种做法会让家庭财富快速增长。但这样做的坏处是，万一形势转变，或者遭遇意外，比如裁员，就会产生极大的压力，甚至可能出现现金流断裂的情况。

第二种极端情况是金字塔底层太厚实。因为过于保守，影响家庭财富的长期增长。

体制内的家庭容易出现这种情况。比如全款买房，没有任何负债，剩下的钱基本放在银行存定期。

这样做的好处是财务非常稳健，家庭很安全。这样做的坏处是长期投资收益率比较低，从而影响到整个家庭的财富传承。

对于一个家庭来说，财富的传承方式有两种，一种是直接传承，另一种是财商的传承，让孩子知道如何创造和管理财富。

在"资产配置金字塔"中，不同账户里的钱适合用在不同的投资场景中。在实操之前，最重要的是了解清楚投资的"不可能三角"。

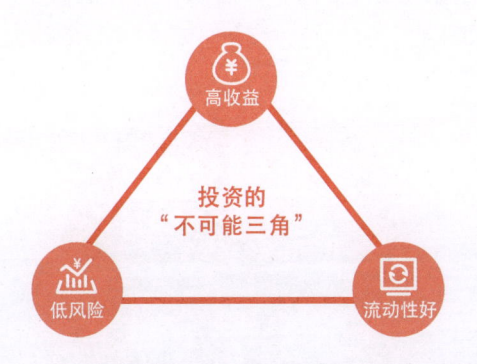

从人性的角度，我们希望投资能做到高收益、低风险，同时流动性好。但这三者很难同时成立，所以它们被叫作投资的"不可能三角"。

绝大多数投资只能追求两个特征，比如投资大盘指数基金长期来看高收益，同时资本市场流动性很好，但是风险比较大。比如投资货币基金，随时存取，流动性很好，同时风险很低，但是收益不高。

某些投资产品宣称自己高收益、低风险、随时存取，你千万要当心，这要么是一个提前策划好的骗局，要么是项目方隐藏了风险，只是暂时没有暴发而已。

就像曾经的P2P平台，承诺年化收益率在10%以上，同时流动性也不错，平台宣称你投进去的每一笔钱都经过了严格的风险控制，不会出问题。结果，这场游戏只维持了几年，大多数平台以爆雷告终。

当我们理解了投资的"不可能三角"后就会知道，每笔投资都不可能是完美的，都需要做取舍。

在具体的资产配置实操中，有四类资产值得重点关注，可以用来构建投资组合。

资产配置第一类：现金及等价物。

无论是现金、银行里的活期存款，还是货币基金，都具备极强的流动性，但收益率不高。

在"活钱账户"中要配置1~2年的生活备用金，这些钱平时可以放在货币基金里。当遇到裁员、家庭成员生病等情况时，现金是最好使的。

生活中有很多"黑天鹅"事件，它们难以预测，一旦发生，便会产生巨大影响。

2000年互联网泡沫破灭，2008年金融危机，几乎每代人都会遇到"黑天鹅"事件。唯一确定的就是不确定性本身。未来，随着全球政治、经济格局的动荡，新技术对旧社会秩序的冲击，"黑天鹅"事件会发生得越来越频繁。

因此，保持"冗余"，适当准备现金，是我们必须牢记的理财原则。

资产配置第二类：股票。

无论在中国还是在美国，股票类资产作为一个整体，长期收益率都很不错，能够达到年化收益率8%的水平。但相对来说，它的波动比较大。

未来，随着中国证券市场的改革，A股机制将更加完善，也会加速股票的"优胜劣汰"，A股资产在普通人的家庭财富中会占据越来越大的比重。

对投资新手来说，选择某一只股票的难度太高，最好的方式就是买指数基金。

普通人最适合关注的指数基金主要有沪深300指数基金、中证500指数基金、中证红利指数基金。同时，我们也可以关注美股的标普500指数基金和纳斯达克指数基金。

这五大指数基金是我们做投资的核心品种，只要在低估时定投买入，然后在高估时卖出，循环往复，就会取得不错的投资收益率。

资产配置第三类：债券。

债券也是一类重要的资产，债权人向他人出借了一笔钱，就会得到债券作为凭证。债券有很多种，按照不同的发行主体可分为国债、地方政府债券、金融债券、企业债券。企业和个人都可以购买债券。

对于个人投资者来说，直接购买债券的门槛很高，不方便，最好的方式是购买债券基金。

A股的债券基金有很多种，常见的有纯债基金和积极债券型基金。纯债基金就是只投资债券市场，基金名称中会有"纯债"两个字。以前，我们谈到纯债基金时通常指主动型纯债基金，也就是说，基金经理根据自己的判断，筛选出优质的债券标的。最近这几年，债券指数基金开始出现，它的原理和股票指数基金类似，基金经理的主观能动性很差，主要追踪债券指数就可以了。

目前，优秀的主动型纯债基金的收益率比债券指数基金更高，但是管理费率也更高。主动型纯债基金的管理费率一般在1%/年左右，而债券指数基金的管理费率在0.3%/年左右，有些甚至会更低。如果挑选到优秀的纯债基金，那么长期收益率大概在3%~5%，最大下跌幅度通常在5%~10%，适合作为投资组合的"压舱石"。

积极债券型基金除了投资债券，还会购买一定比例的股票，不超过10%。和纯债型基金相比，积极债券型基金的长期收益更高，波动也更大。

国内优秀的积极债券型基金的长期收益率可能达到6%~8%，同时可以将最大下跌幅度控制在15%以内。对于想提高收益，同时又觉得股票指数波动太大的朋友来说，这是非常好的替代选择。

市场上有几千只债券基金，我们该怎么挑选呢？整体原则是，挑选成立时间长、规模大、回撤率低、收益率超过平均水平的基金。在做资产配置时，股票资产和债券资产都是非常重要的品类，因为它们的非相关性比较强，能发挥"东方不亮西方亮"的效果。

例如，当经济不景气，甚至萧条时，股票市场整体受挫，而债券的表现会非常突出。当通货膨胀严重，利率低时，股票市场常常表现不错，但债券的收益率会下降。

资产配置第四类：黄金。

黄金是一个既古老又新鲜的投资产品，它曾经是通用的货币，过去几十年，因为它的抗通胀能力、避险属性，其在资产配置中的价值越来越突出。

根据兴业银行分析师鲁政委、郭嘉沂、张峻滔的研究报告，黄金同时兼具超主权货币、超主权零息债券、大宗商品等价物三重属性。黄金的超主权货币属性是指当美元体系受到的冲击越来越严重，特别是美联储疯狂印钞，全世界的投资机构都在寻找美元的替代品时，黄金成了一种选择。

黄金具备债券属性是因为它本身的价值非常稳定，流动性好，而且在全球范围内具备强烈共识。

除此之外，黄金作为大宗商品的一般等价物，还可能因为大宗商品牛市而出现价格上涨，尤其是与以铜为代表的工业金属具有较强的相关性。

全球政治经济局势动荡，黄金在资产配置中的作用不断增强。根据Thinking Ahead Institute所做的覆盖全球22个经济体、资产规模总量达到52.52万亿美元的《2021年全球养老金财富配置报告》，包括黄金在内的另类资产在养老金配置中的比例，从2000年的7%增长到2020年的26%。

在资产配置中，黄金与股票市场的非相关性比较强，能够发挥减少波动的作用。

从1968年以来，在标普500回撤率超过15%的时间段内，黄金上涨的概率达到73%，平均上涨15.04%，中位数为6.07%。

华安基金许之彦对黄金和沪深300指数、中证500指数和创业板指数的相关性分别做了计算，结果分别为－38%、－58%和－76%，说明黄金与股票的涨跌情况大体呈现负相关性。

从长期角度来看，持有黄金的收益率如何呢？

伦敦黄金价格（1920-2020）

根据《香帅中国财富报告》，从1920年到2020年，黄金长期年化收益率是4.6%。但需要注意的是，在漫长的100年间，1971年是黄金价格的分水岭。从1920到1971年，黄金价格几乎不变，年化收益率只有1.2%。1971年，布雷顿森林体系分崩离析，也就说，美元和黄金不再强绑定，从那时起，美国的印钞速度就再也不受限制，全世界的通胀进入了新阶段，黄金的抗通胀属性越来越明显。

从1971年到2019年，黄金的年化回报率是7.8%。需要注意的是，黄金也有牛市和熊市，金价的波动也非常大。对于普通人来说，要投资黄金，有三种核心方式。

第一种，投资实物黄金。在银行就可以买到实物黄金，而且价格很透明，未来如果想卖出，有些银行还能回购。买实物黄金看上去有点儿麻烦，但可以防止你做短期交易，适合长期持有。我比较推荐这种方法。

第二种，买纸黄金。纸黄金是一种凭证，投资者按报价在银行买卖"虚拟"黄金。买纸黄金和买股票差不多，主要目的是赚取差价。

第三种，买黄金ETF。黄金ETF的主要功能是追踪黄金价格，可以在股票账户中交易。对应的ETF联结基金可以在各种基金平台上购买。

这种方式投资黄金的门槛最低，ETF联结基金最低1元起购。当我们搞清楚了重要的投资门类以后，就可以进行资产配置实操了。

第一步，搞定"活钱账户"，计算家庭每年的开支，准备1~2年的家庭生活备用金。这笔钱是"救命钱"，千万不能用来做高风险投资，平时就放在货币基金里。

第二步，搞定"保钱账户"，为自己和家人配备齐全的保险，并且准备1~2年的保费，这些钱平时可以用来购买货币基金或者纯债基金。很多朋友会想，用多少钱来买保险比较合适呢？如果是购买保障型保险，纯粹用来管理风险，那么将家庭年收入的5%~10%配备在这类产品中是比较合适的。如果是购买储蓄型保险，用来追求长期安全稳健的复利，那么将家庭整体净资产的5%~10%配备在这类产品中比较合适。

第三步，搞定"稳钱账户"，提前准备好未来3年的一次性用钱。凡事预则立，不预则废。对于买房、结婚、孩子上学等大事，提前准备好一笔钱，心里就不慌。这笔钱可以投入优秀的纯债基金和积极型债券基金中，追求5%左右的年化收益率，控制波动。

第四步，搞定"长钱账户"，将长期投资的钱进行分散配置。很多朋友会一直纠结，到底应该用多少钱进行长期投资，相信经过前面三步，到这一步时，答案自然就水落石出了。对于不同收入、不同资产的家庭来说，用来做长期投资的资金比例完全是因人而异的，网上有些文章会直接给你一个固定的比例，这些常常是营销话术，不能完全相信。

对财富增值来说，长期投资是一件重要的事。如果说活钱账户、保钱账户、稳钱账户是为了给家庭做好充分的防守，那么，长钱账户就是积极进攻。

防守　　　进攻

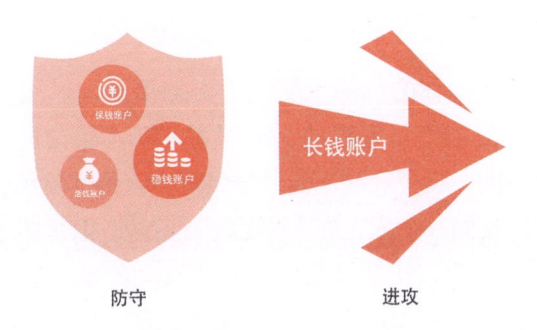

在长钱账户中，最重要的三项投资选择是股票、债券和黄金。

股票主要投资大盘指数基金，比如沪深300指数基金、标普500指数基金，长期收益率最高可以达到8%，缺点是波动大，最大回撤率甚至能达到50%。

债券主要投资两三只优秀的债券基金，长期年化收益率在3%~5%，波动比较小，优秀的产品可以将回撤率控制在5%以内。

黄金可以买实物黄金或者黄金ETF，长期持有的年化回报率大概在4%~7%，在过去10年中，最大回撤率超过20%。

那么，我们该如何在长钱账户中对这三类资产进行配置呢？**先评估自己的"风险承受能力"，分析自己属于哪类投资者，然后决定资产分配比例。**

你可能经常听到"风险偏好"这个词，但我认为，风险偏好容易误导人。因为风险偏好是主观的，有些人很激进，想要冒险，但实际上财务情况不支持，按风险偏好来投资就容易踩坑。

就像古人说的，"富贵险中求，也在险中丢，求时十之一，丢时十之九。"

相比之下，你的风险承受能力更加重要。风险偏好是主观的，风险承受能力是客观的，根据客观现实做投资，会更加理性。性格不同、投资经验不同，导致每个人的风险承受能力也不一样。即使是同一个人，在人生的不同阶段，其风险承受能力也不同，比如当收入快速增长时，对于波动的承受能力一般比较强，而到了快退休的年纪，就更想追求稳健。

在实操中，我设计了"投资者测评清单"，你可以根据以下四个问题分析自己的风险承受能力，判断自己属于哪类投资者。

（1）假设未来1年，家庭有可能突然失去所有主动收入，家庭财务是否依然运行良好？

（2）如果有一天，家庭资产整体下跌20%，家庭财务是否运行良好？你内心是否能承受？

（3）在金融投资中，你是否有持有某个产品超过3年并且最终盈利的经验？

（4）在投资理财学习中，你投入的总时间是否超过50小时？

我们通过你对上述四个问题所回答的"是"的数量来判断你属于哪种类型的投资者，具体如下。

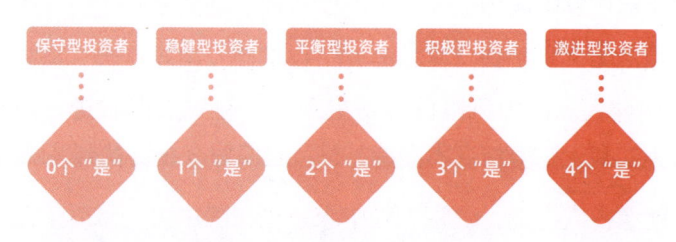

保守型投资者	稳健型投资者	平衡型投资者	积极型投资者	激进型投资者
0个"是"	1个"是"	2个"是"	3个"是"	4个"是"

你可以写下自己属于哪一类投资者，然后按照下面的框架来做相应的配置。

- 激进型投资者，长钱账户中配置指数基金、纯债基金、黄金的比例为8∶1∶1。
- 积极型投资者，长钱账户中配置指数基金、纯债基金、黄金的比例为7∶2∶1。
- 平衡型投资者，长钱账户中配置指数基金、纯债基金、黄金的比例为6∶3∶1。
- 稳健型投资者，长钱账户中配置指数基金、纯债基金、黄金的比例为5∶4∶1。
- 保守型投资者，长钱账户中配置指数基金、纯债基金、黄金的比例为4∶5∶1。

按照我们的步骤进行，到这里，你会对如何分配活钱、保钱、稳钱、长钱有清晰的认知。例如，你在互联网大厂工作，手头有145万元，预留1年的生活费30万元、两年的保费10万元、出国游费用5万元到稳定账户，剩下的100万元就可以用来做长期投资。

通过四个问题，你判断出自己是积极型投资者，那么投资在指数基金、纯债基金、黄金中的金额分别为70万元、20万元、10万元。此时，你可能会有一个问题：相应的资金是一次性买入，还是分批买入呢？

对于纯债基金，完全可以一次性买入，因为纯债基金的波动性不大。对于指数基金，要根据当前的市场估值水平来判断。例如，你用70万元投资指数基金，其中40万元投资A股的沪深300

指数基金，30万元投资美股的标普500指数基金。

这时候，就要评估这些指数基金当前的估值水平。

我们知道，一只指数基金是由几十、上百只股票组成的，所以，可以将常见的股票估值方法，例如市盈率估值法，用到指数基金的估值中。什么是市盈率估值法？举个例子，你很看好奶茶行业，准备"杀"进去，但是从头开始做一家店很烦琐，所以你决定收购一家奶茶店来运营。

这时候，摆在你面前的选择有两个。

第一家店叫"悲茶"，主打丧文化，品牌格调很不错，很受周边白领的欢迎。如果买它则要花200万元，去年这家店的盈利是15万元。

第二家店叫"一滴滴"，奶茶做得很甜，受到中老年人的追捧。买它同样要花200万元，去年这家店的盈利是20万元。

这时就可以通过比较市盈率来进行选择，看买哪家店更划算。先明确一个知识点：市盈率（PE）=市值/利润。计算一下，悲茶的市盈率是13.3，一滴滴的市盈率是10。悲茶看起来比一滴滴更贵，但是悲茶的用户群体更年轻，长期看更有活力。在这种情况下，稳健投资者会选择一滴滴，看中成长价值的投资者会选择悲茶。

股票估值的方法同理。一家处在新兴行业、增长迅速的企业，它的市盈率往往处在较高水平，比如科技行业的龙头公司。

那些行业格局出现天花板、经营状况稳定、盈利很难再大幅增长的企业，市盈率一般比较低，比如银行、钢铁企业、房地产公司。

如果同处一个行业，则那些竞争优势大、增长势头猛的企业市盈率比较高。需要注意的是，同一家企业，由于市场情绪的不同，市盈率会大幅变动。对投资者来说，市盈率低的时候企业的估值水平低，适合买入。

指数基金的背后是股票，把以上估值方法弄明白后，我们就可以将其套用到指数基金上了。每只基金都有一个市盈率的波动范围，我们可以计算出当前市盈率处在历史市盈率的估值分位点，就能判断出基金是被低估还是高估了。

估值分位点代表当前估值在整个历史估值区间中的位置。例如，沪深300指数的市盈率在10.07到17.63之间波动。

下图显示，2023年9月8日，沪深300指数基金的市盈率是11.61，在过去10年中，估值分位点是25.02%。也就是说，这一天的市盈率比过去10年中25.02%的时间更高。

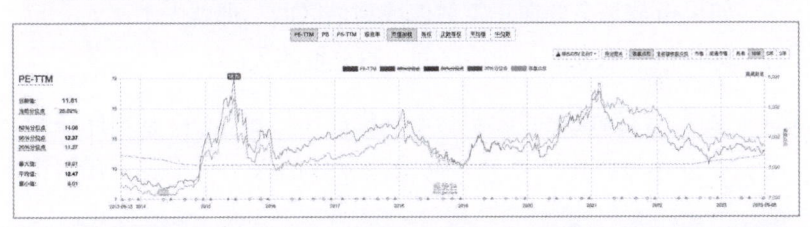

通过估值分位点可以很方便地判断出指数基金的低估、正常和高估区间。

- 0~20%属于极低估区间。
- 20%~40%属于低估区间。
- 40%~60%属于正常估值区间。
- 60%~80%属于高估区间。
- 80%~100%属于极高估区间。

一般来说，估值10年期百分位是最合适的指标，因为它跨越了周期，5年期估值百分位也值得参考，相对来说，3年期估值百分位意义就没有那么大。

判断估值的目的是让我们选择投资节奏，估值越低，越应该多投。

当我们判断好指数的估值后，就可以进行对应的操作了。

如果指数基金处在极低估区间，那么可以把资金平均分为6份，每个月买入一份；如果指数基金处在低估区间，那么可以把资金分成12份，每个月买入一份。

为什么要分批定投而不是一次性买入呢？因为这样可以让你的心态更平稳，当你定投一部分资金后，股市上涨了，你会开心，股市下跌了，你也高兴，因为降低了继续投入的成本。

如果指数基金处在正常估值或高估区间，那就先不买入，耐心地等待指数基金进入低估区间，再分批买入。

查理·芒格说："聪明的人一生都在耐心等待，让时间慢慢流逝，并体会其中的妙处，而绝大多数的人，只不过是在瞎忙活。"

从10年以上的周期来看，持有大量现金是必败的选择，因为通货膨胀太剧烈。但从2~3年的周期来看，在指数基金被高估时保持耐心，等指数基金被低估再买入，会创造更好的安全边际，同时能提升收益。

以2023年9月8日为例，沪深300指数基金处在低估区间，标普500指数基金处在高估区间。这时候，可以将分配到A股的钱定投；而分配到美股的钱先不定投标普500指数基金，买债券基金，等标普500指数基金跌到合理范围再买入。

当然了，假如某一天沪深300指数基金出现高估，我们也可以看看中证500、中证红利等主流指数基金的估值，如果其他指数基金处在低估区间，也是非常合适的选择。

当你按照这样的策略分批买入后，剩下的就可以交给时间，等待指数基金上涨到高估区间以后，再分批卖出。比如，估值百分位涨到70%、80%、90%时，分别卖出三分之一。

你可能会问：为什么要分批卖出，而不是一次性清仓呢？因为我们无法预测市场的短期走势，虽然指数基金已经被高估，但可能当时处在牛市初期，越来越多的人涌入，推动指数基金继续上涨。如果一次性清仓，那么后面的增长就享受不到了。因此，分批卖出既能预防牛市转熊的风险，又能避免完全踏空牛市，是一个平衡收益与风险的折中选择。

黄金的投资方式和指数基金比较类似，因为黄金的波动性也比较大。当黄金价格快速上涨市场情绪火热时，我们可以等一等再买入。如果此时一定要买入，那么可以做一个分批买入计划，例如将购买黄金的资金分成3~5份，每个季度买入一份。

当我们根据个人的风险承受能力做好了长钱账户的资金分配后，剩下的大多数时间可以耐心地等待，把更多的时间用来陪伴家人，提升自己。

你可能会想，以上投资框架针对的是存量资金，如果有新的现金流流入，该怎么做投资呢？

第一步，看活钱账户是否充足。如果不充足，则补充活钱账户。

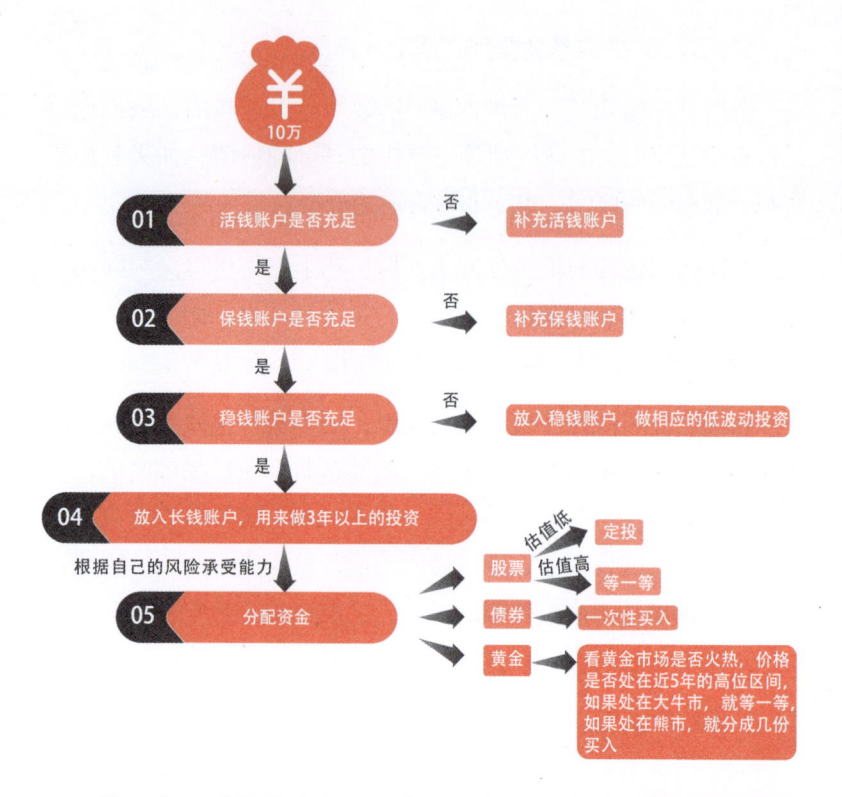

```
         ┌─────┐
         │ ¥   │
         │10万 │
         └──┬──┘
            ▼
  ┌──01──┬─活钱账户是否充足─┐  否  → 补充活钱账户
            │是
  ┌──02──┬─保钱账户是否充足─┐  否  → 补充保钱账户
            │是
  ┌──03──┬─稳钱账户是否充足─┐  否  → 放入稳钱账户，做相应的低波动投资
            │是
  ┌──04──┬─放入长钱账户，用来做3年以上的投资
  根据自己的风险承受能力
  ┌──05──┬─分配资金
```

                                    估值低 → 定投
                            → 股票
                                    估值高 → 等一等
                            → 债券 → 一次性买入
                            → 黄金 → 看黄金市场是否火热，价格是否处在近5年的高位区间，如果处在大牛市，就等一等，如果处在熊市，就分成几份买入

第二步，看保钱账户是否充足，如果不充足，则补充保钱账户。

第三步，当前两个账户都充足时，看稳钱账户是否充足。如果不充足，那么将这笔钱放入稳钱账户，做相应的低波动投资。

第四步，如果以上账户都充足，那么将这笔钱放入长钱账户，用来做3年以上的投资。

第五步，根据自己的风险承受能力，把这些资金分配到股票、债券、黄金中。

第六步，债券型基金一次性买入，股票看指数基金的估值，如果估值低就定投，如果估值高就再等一等。

第七步，投入黄金的钱主要看黄金市场是否火热，价格是否处在近5年来的高位区间，如果处在大牛市，就等一等，如果处在熊市，就分成几份买入。

按照这样的思路进行投资，每一笔用来长期投资的钱都经得起波动，即使遇到风大浪急的情况，你也能睡得着觉。

投资是一个综合大礼包，我们追求的不是收益最大化，而是内心平静最大化。我们既要获得财富的增长，又要能感到安心，这样才能有精力去做热爱的事。

抱着慢慢变富的心态，稳妥安排资金，让资产不断生根发芽，财富自由就是早晚的事。在这条道路上，你会逐渐意识到，财富是我们追求自由的工具，时间自由是真正的无价之宝。

富足人生指南

投资盈利的底层逻辑,就是守住能力圈,发展能力圈。

第 6 章

心灵富足是最终的彼岸

至于自由，最高贵的莫过于内心选择的意志自由，最普通的是免于束缚的生活上的自由。

——梁实秋

挣钱是这个时代的主旋律，但是挣钱的目的是什么呢？

很多人会说，财富自由。

进一步思考，财富自由的目的是什么呢？

财富是一座桥梁，没有人希望永远停留在桥上，我们要去的是彼岸。

如果有了一个亿，你一定会幸福吗？答案是否定的。我们在新闻上可以看到很多类似的案例，很多有钱人陷入抑郁，甚至自杀。如果将人比作一台跑车，那么财富只是燃料，而你的心脏才是发动机。发动机的作用是转化能量，一个高效的发动机会把燃料效能发挥到极致，而一个生锈的发动机，即使用最好的燃料来驱动，也只能发出吱吱呀呀的声响。

归根到底，我们的心灵对生活质量产生决定性的影响。**心灵富足是终极自由。无论你身处怎样的环境，拥有多少财富，你的内心决定了你生活在天堂还是在地狱。**

维克多·弗兰克尔1905年出生在奥地利维也纳的犹太家庭，后来他获得医学博士学位，并且从事神经病症的治疗。1942年，他和家人被纳粹逮捕，在集中营里，他的父亲、母亲、妻子先后死去。面对这样的极端遭遇，绝大多数人会放弃生活的希望。作为一名心理学家，在狱中，他开始思考人生的意义和从苦难中解脱的方法。

有一天，当他身处囚室时，忽然有了一种全新的感受，他将其称为"人类终极自由"。无论纳粹怎么折磨他,无论身处多么逼仄的空间,他的内心独立在环境之外,他可以决定自己针对刺激做出怎样的反应。也就是说,尽管身处最极限的环境,他的内心仍是自由的,他拥有选择自身反应的自由。

1945年,维克多·弗兰克尔被美国陆军解救。1948年,他获得哲学博士学位,同年任维也纳大学神经与精神病学副教授。1950年,他创办奥地利心理治疗协会并任主席,之后升任维也纳大学医学院教授并任职到1990年。他67岁时考取了飞行员驾照,80岁时还登上了阿尔卑斯山。

他特别喜欢尼采的一句话:"但凡打不死你的,最终都能使你更强大"。集中营的经历不但没有摧毁他,反而让他有力量去追求有意义的人生。

绝大多数现代人拥有比弗兰克尔更好的外在环境,却常常画地为牢,把自己困在内心的牢笼中。

自己生活很舒适,但朋友最近买了一座豪宅,于是内心开始焦虑;孩子健康可爱,但成绩比邻居家孩子差一些,于是内心开始担忧;生意运行得不错,但看到其他行业增速快,于是内心蠢蠢欲动。

如果我们的内心不安定,如果我们的心灵不自由,那么无论是1亿元,还是10亿元,都无法填补灵魂深处的窟窿。

因此,探索心灵富足,是我们此生最重要、最终极的课题。

本章我会结合自己的经历,以及阅读的经典书籍,提出"心灵富足飞轮",用切实可行的方法帮你实现富足而喜悦的人生。

心灵富足飞轮

感恩　平静　热爱　正念

6.1 感恩，创造幸福的魔法

追求财富是一场没有尽头的游戏，如果我们一直想实现更大的目标，那么就会永远停留在无止境的欲望中，这种状态会让我们离真正的富足越来越远。

那么，我们如何调整呢？答案是感恩。

感恩这个词用得太多，我们反而容易忽略它的重要性。

在很长一段时间里，我都对"感恩"这件事没有感觉，我觉得这是一种唯心的把戏，对实际生活没有什么作用。

实际上，感恩有神奇的魔力，这种魔力正在被积极心理学所验证。针对美国200名学生的一项研究发现，当学生连续9周写出感恩清单后，他们的幸福感大大提高，身体疾患也减少了。同时，由于对生活的感觉更好，他们也开始做更多的运动。

在另一项对各种疼痛病症患者的研究中，研究人员要求患者连续3周每天写下他们感恩的5件小事。和对照组比较，那些每天感恩的人的疼痛感大大减少，睡眠质量也有所改善。

更让人惊讶的是，感恩会改变我们的大脑。在一项有关培养感激之心的研究中，研究人员发现，当志愿者处在感恩状态时，大脑中负责决策及奖励的内侧前额叶皮质会被强烈地激活。

当我读到各种关于感恩的资料时，我开始了两项尝试。

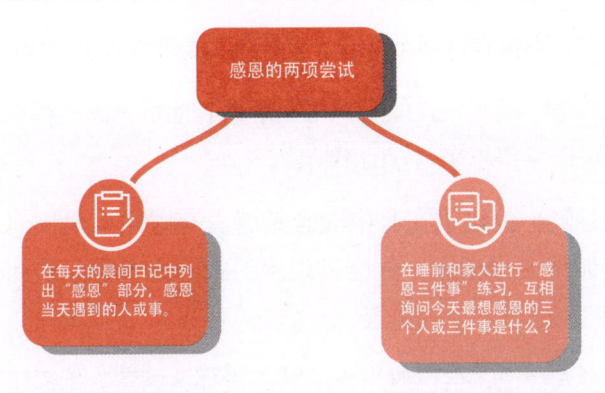

感恩的两项尝试

- 在每天的晨间日记中列出"感恩"部分，感恩当天遇到的人或事。
- 在睡前和家人进行"感恩三件事"练习，互相询问今天最想感恩的三个人或三件事是什么？

第一项尝试是在每天的晨间日记中列出"感恩"部分，感恩当天遇到的人或事。

当我坚持一段时间后，慢慢地不再把身边发生的所有好事都看作理所当然。家人的照料、健康的身体、好吃的美食、朋友的邀请、友善的服务员……生活中有太多值得我们去感恩的人和事。当你发自内心地对他们说"谢谢"时，你会感受到内心有一股暖流经过，这种暖流会给你一种平静的喜悦感。

第二项尝试是在睡前和家人进行"感恩三件事"练习，互相询问对方今天最想感恩的三个人或三件事是什么？

这项练习与写感恩日记相比，有两项额外的功效。

首先,你会想起今天家人为你做了哪些事,你会当面向他/她表达感谢,而这个看上去很平常的举动,其实在生活中罕见。当你和家人表达感谢以后,会感到彼此的情感纽带越来越牢固。一个家庭的幸福是需要用心经营的,我们常常忽略了家人的付出,而睡前感恩是增进感情的绝佳手段。

其次,当你和家人做完这个练习以后,你的大脑和身体会非常放松,这会为你带来高质量的睡眠。

其实,不仅在这两个场合,我们随时随地都可以感恩。

感恩是一项"元技能",可以解锁其他所有的美德,而且感恩是你可以学得越来越好的事情。

有时候,你可以在心中默念感谢。有时候,建议你对眼前的人真诚地说出谢谢。你会发现生活中的许多瞬间从此变得难以忘怀。

很多人会说,自己对当下的状态没那么满意,感恩不起来,该怎么办?

作家史铁生的一段话可能是最好的回答:"当我的腿不能走路的时候,我坐在轮椅上天天怀念我能奔跑打篮球的时光,每天都非常痛苦。又隔了几年,我在轮椅上生了褥疮,浑身难受,那个时候我天天怀念几年前不痒不疼安静地坐在轮椅上的时光。又隔了一些年,我得了尿毒症,总要去透析,这个时候我就怀念当初仅仅有褥疮的轮椅时光。"

你所忽视的东西可能是他人所珍视的,每时每刻,我们都有值得感恩的人和事。

感恩是一个非常勇敢的举动，当你在感恩时，你其实是在说：我很富足，我可以向世界给出肯定。当你这么做时，内心就会生出无穷的力量。

所谓富足，很多人以为关键是"富"，其实关键是"足"。无论你多富，只要不满足，就永远不会快乐；而只要你知足了，幸福就开始滋长。

6.2 平静：最好的人生状态

谈到心灵富足，有一个问题很值得思考：一个人最值得追求的内心状态是什么？

有人说是兴奋，有人说是刺激，有人说是愉悦。

其实，最值得追求的是平静。兴奋终会消散，刺激总会消失，愉悦也会趋于平淡，唯有平静是我们能给予自身最珍贵的礼物。

如果说兴奋像可口可乐般浓烈，那么平静就像带一点儿甘甜的山泉水，清冽、恬淡，但有长久持续的回甘。可是，在现代人的生活中，要保持平静并不容易。我们每天都会经历各种各样的心理调整。在我看来，最大的心理挑战就是愤怒，愤怒的第一坏处是伤害自己。

在生活中，我们稍加观察就能发现，那些经常愤怒的人，脸上往往有相应的痕迹，幸福感也不强。

愤怒的第二坏处是伤害他人。人在愤怒的情况下常常会做出不理智的举动，从而造成难以挽回的局面。

比如"路怒症"，我们在新闻中经常看到类似案例，有人在开车过程中和他人较劲，然后危险驾驶，造成人员伤亡，最后把自己送进了监狱。

曾经，我也是一个很容易生气的人。有一次坐出租车，因为和司机不对付，还没到达目的地，我就让他把我放在路边。

为什么人们会产生愤怒呢？为什么有人像火药桶般一点就着？为什么有人能保持冷静清醒？

出现这种差别的最根本原因是我们拥有的信念不同。产生愤怒的过程可分为以下3个阶段。

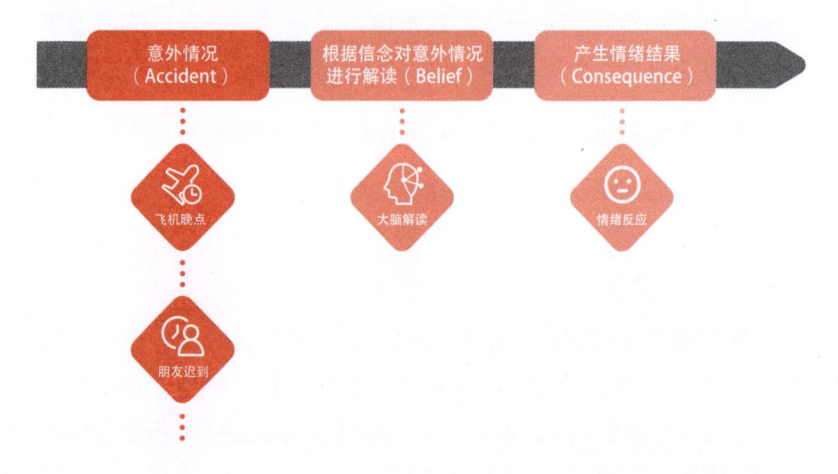

```
意外情况          根据信念对意外情况         产生情绪结果
（Accident）      进行解读（Belief）        （Consequence）

飞机晚点          大脑解读                 情绪反应

朋友迟到
```

（1）意外情况（Accident）：例如飞机晚点、朋友迟到、项目出错等。

（2）根据信念对意外情况进行解读（Belief）：遇到意外情况时，我们的大脑会开始对它进行解读，但每个人解读的方式不一样，就像即使面对同一个世界，如果我们加上不同的滤镜，那么呈现出来的面目也迥异。

（3）产生情绪结果（Consequence）：根据大脑的解读，我们会产生不同的情绪反应。

有意思的是，这三个关键词的首字母连起来刚好是"ABC"。以上的解释很抽象，这里用一个例子来说明。

例如，你和小明约好一起租房，押金都交了，就在将要入住时，他突然告诉你："对不起，我突然不想租那个房子了，你找别人吧。"

小明决定不和你合租就是突然到来的意外情况，他打破了你的计划，并让你产生金钱损失。

这时候，你的大脑飞快进行解读：他怎么能如此不守信用——他不可以这么对我——他简直人品有问题——以后不要再理他了。

随着这些念头不断闪现，你越来越气愤，简直火冒三丈，最后很可能在微信里把他拉黑。

为什么你会愤怒？最关键的有两点，一是你认为小明不可以做出这样的事情，二是你认为小明人品有问题。

遇到这样的情况，实际上我们可以做出不一样的情绪反应。一个善于处理意外情况的人可能会如此解读：他怎么能这么不守信用——他这次行为让我失望了——以后他说的话应该打个问号。

如果这么想，你很可能就不会愤怒，而只是难过了。

人不是机器，我们时刻产生各种情绪。但情绪有健康和不健康之分。当我们遇到困难或不如意的事时，沮丧、遗憾都很正常。但如果遇到任何意外的情况都大动肝火,那么这些愤怒就属于不健康的情绪。我们不能沦为情绪的奴隶,而要做情绪的主人。

从上面的例子可以看出,一个人所持有的信念,决定了他是否会轻易愤怒。那些让我们破口大骂的信念,可以称作非理性信念。

在小明的案例中,他持有的非理性信念是:

(1)别人不可以做对不起他的事。

(2)别人一旦做了对不起他的事,就代表人品很坏。

任何一个成熟的人都知道,世界并非围着谁转,我们无法强行决定他人的行为。当意外出现时,要接受它,因为这是客观现实。

很多人失恋后痛哭流涕,被解雇后怨天尤人,碰到困难破罐破摔,这些行为的背后是持有非理性的信念:他/她怎么可以这么做?!

当一个人能平静接受坏的结果,容忍他人的过错时,他就会变得更加强大。

另外一条非理性信念,就是把行为和人画等号。当被行为冒犯时,就彻底否定别人的人品。但事实上,生活中没有绝对的好人和坏人。人的行为受具体的情景、状态影响,如果因为一个人犯错就彻底否定他,那你很快就会面临没有朋友的悲惨局面。

当你把以上两条非理性信念都转变为理性信念后,遇到类似情况时,就很难愤怒了。

除了上面的场景,生活中处处有坑,许多人抱有大量非理性信念，从而导致错误的行动。

生活中有两种很常见的"非理性信念"，第一种是"应该思维"，往往针对人；第二种是"秩序思维"，往往针对事。

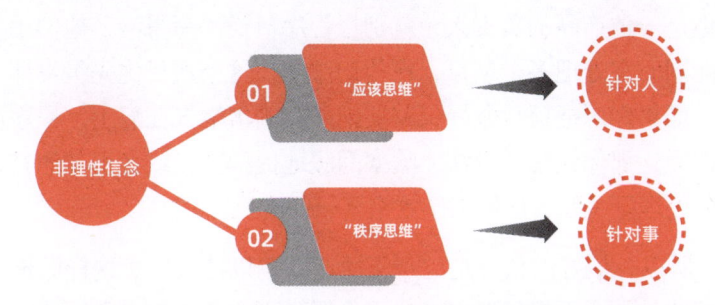

```
非理性信念 ──01── "应该思维" ──→ 针对人
          ──02── "秩序思维" ──→ 针对事
```

应该思维很容易识别。比如我们经常听到这样的话：

这个项目你怎么可以做成这样？你应该……

你怎么能对家庭这么不负责任？你应该……

你们店的菜怎么会这么难吃？你们应该……

实际上，这个世界没有"应该"和"必然"发生的事。

我们需要接受一个真相：在很多领域，到处都是不专业、不理性的行为。如果我们认识到"世界是一个巨大的草台班子"，就会放弃对他人行为质量的执念。

现在，我默认出租车司机容易有脾气，所以，当我碰到友善的司机时，我会觉得是好运气；如果遇到其他情况，那也很正常。

从本质来说，任何对其他人的要求都是一种妄念，因为我们无法掌控他人。

你想一想，我们管理自己都非常困难，要养成一个好习惯，比如减肥、早起，都要花费九牛二虎之力，更何况去改变他人呢？

在腾讯工作时，我学到了一个工作原则——谁痛谁驱动。如果你是一位产品的负责人，就别怪程序员代码写得慢，他们手头可能同时在处理多个项目，在他们眼中，这个项目优先级没那么高。如果你想把项目做好，就要把所有的事情扛在肩上，程序员工作慢，那你就想方设法、嘘寒问暖地提醒他，或者用其他方式和他处理好关系，让他工作效率高一些。

所以，最好的状态是"严于律己，宽以待人"。这样做最大的好处是不会再轻易愤怒了。当你遇到不合心意的人和事情时，除了忽略，还有一种方法，就是尝试着去理解他们。

就像凯文·凯利说的："对愤怒的适当回应不是愤怒。当你看到某人愤怒时，你其实是看到他们的痛苦。对愤怒的适当回应应该是同情。"

同情别人，也是放过自己。

非理性信念的第二种就是秩序思维，认为世界应该按照计划运行，对不确定性容忍度很低。

生活中有一类人特别喜欢规划和准备，喜欢一切尽在掌控的感觉，如果发生突发情况，情绪起伏就会比较大。

以前我就是这样的人，但凡做一件事，我希望尽可能提前准备，尽量万无一失，如果过程中发生差错，胸中就会容易烧起无名火。后来我渐渐意识到，不确定性是世界的常态，按部就班才是奇迹。

从更大维度来看，过去30年是全球化的甜蜜期。同时，中国处在经济高速增长的阶段，在这个阶段成长的人，会很容易产生一种世界蒸蒸日上、一切尽在掌控的感觉。但当外部环境改变后，这种感觉可能变成了一种"幻觉"。我们需要适应新的现实，需要调整自身，拥抱不确定性。那么，我们应该如何消除"非理性信念"，变成一个更平静的人呢？

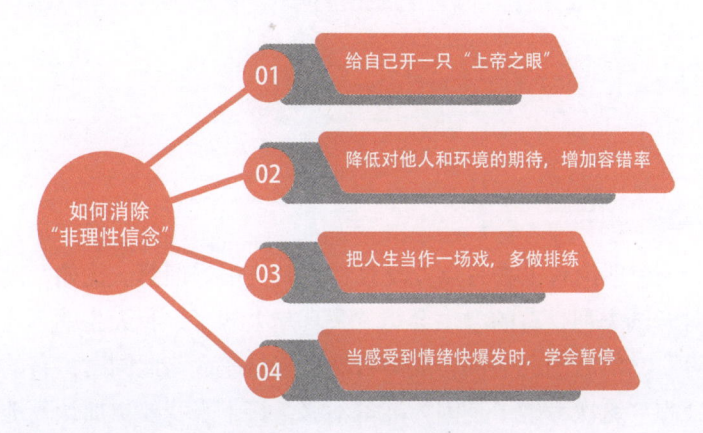

如何消除"非理性信念"
01 给自己开一只"上帝之眼"
02 降低对他人和环境的期待，增加容错率
03 把人生当作一场戏，多做排练
04 当感受到情绪快爆发时，学会暂停

第一个方法：给自己开一只"上帝之眼"。

当你感觉情绪不对时，可以把一部分注意力抽离出来，想象另外一个更高层次的自我站在半空中观察自己。你会清晰地发现，导致自己愤怒的原因很可笑，你会渐渐远离那些"非理性信念"。

佛家把这种方法叫作"正念"，桥水基金创始人Ray Dailo认为这是建立高于自己的"第二系统"。这个系统很冷静，不带感情，但也因此不受偏见的误导。

正念的核心就是在刺激和反应之间留下空间。

刺激是外在世界的变化，比如别人辱骂你、飞机晚点。反应是你的心灵和身体上的变化，如产生愤怒，或一笑而过。外在世界是我们无法改变的，内在反应是我们可以选择的。

心理学中有一个著名的费斯汀格法则，它来自美国心理学家费斯汀格的著名判断——生活的10%由发生在你身上的事情组成，而另外的90%则由你对所发生的事情的反应决定。

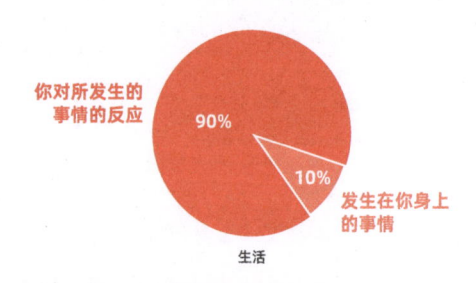

这个理论看上去有点儿反直觉，其实很好理解。比如，同样面对考试失利，有的学生会想"我真是太笨了，我天生就不适合学习"，然后因此消沉，成绩自然越来越差。与此同时，有的学生会想"这次考砸了是因为准备不够，接下来我要更加认真地学习"，然后因此更加努力，成绩也会不断提高。

面对生活中的意外，你要谨慎地选择你的反应。因为反应会成为习惯，而习惯会决定命运。

第二个方法：降低对他人和环境的期待，增加容错率。

除你之外的任何人都有可能随时做出令你不满的事，对他人，即便是对爱人，抱有不切实际的期待都会将我们置于危险境地。理想的人生境界是"严于律己，宽以待人"，这样就会降低愤怒的概率，让自己变成一个更能容忍错误的人。

越无能的人对外部世界的期待越高，越需要其他人为他负责。这些人呼吁政府调控房价，控诉游戏公司无良，抱怨贫富差距过大，这是典型的弱者心态。在面对任何环境时，人都有控制自己意愿、态度、行为的自由，这是人类最伟大的天性，有些人却自愿放弃它。

实际上，你对什么事情愤怒就会把自己拉到什么层次上。我特别喜欢凯文·凯利的一句话："你的伟大程度与让你生气的事情的大小相等。"

每当我将要对一些鸡毛蒜皮的小事发火时，我的脑海里都会浮现出这句话，然后，很神奇，那股怒气就会消失了。

第三个方法：把人生当作一场戏，多做排练。

有一种好习惯叫"排练"，对重要场合，我们在心底做排练，对一些我们可能做出糟糕反应的情况，我们也应该进行排练。

熟能生巧在这件事上同样适用。一些厉害的人宠辱不惊，那是因为他已经对各种情形做了充分的推演，他会提前想到可能让自己愤怒的因素，然后告诉自己别进入情绪怪圈。

在原始时代，愤怒让我们保持警惕，远离被吃的危险。但在现代社会中，一颗能处理情绪、保持镇定的大脑才会帮助我们走得更远。有一次，我要做一场直播发售，那场直播我们准备了1个月，邀请了10位嘉宾，准备持续直播10小时，而且提前积累了2000人预约。按照过往的经验，这次直播会产生40~50万元的销售额。那天中午，我在打车去直播场地的路上，感受到内心的紧张和忐忑，我开始进行自我对话：

最坏的情况是什么？

因为各种原因，没法做直播。

如果这种情况真发生了，能接受吗？

虽然损失挺大，但也没什么大不了，可以接受。

当我做完这个对话后，内心马上就平静下来了。然后，两点半，直播按照计划正式开始。

直播刚开始就出现了画面问题，人在镜头中变成了横着的，我们马上关掉直播重新开始，这样一番折腾，之前的2000人就相当于白预约了。继续播了30分钟后，整个直播间突然被关闭，通过查看后台发现，1个已通过审核上架的商品被平台判断为有问题，导致整个直播间被停播，而且5天内都不能开播。

那一瞬间，同事们都有点儿愤怒，觉得平台的规则真是太霸道了，为什么通过审核的商品会出现问题，而且会连累到直播。但那一刻我却比较淡定，同事问我为什么？我说："因为在来的路上我设想过，今天最坏的局面就是播不了。"

现实世界经常给我们一种错觉，它仿佛像一个精准运行的时钟。实际上，这是一个幻想，在每个时刻，未来都是不确定的，可能产生许多分支。当我们真正明白小概率事件就是可能发生的时候，心态就会更平和了。

当直播停止时，结果就已经发生了。如果我们抗拒这件事，只会无端增加痛苦。

我越来越相信一句话——凡事发生，必有利于我。

等当我们越来越有智慧时，就会发现，生活中的遭遇要么是一件好事，要么是一个好故事。

第四个方法：当感受到情绪快爆发时，学会暂停。

有些时候，就是忍不住生气，该怎么办？

有一个最简单的办法，就是深呼吸30秒，平静一会儿，再去处理事情。这个方法看上去很简单，但非常管用。它背后有一个科学基础：人类控制情绪的大脑区域反应速度更快，控制理性思考的大脑区域反应速度更慢。所以，很多时候，意外一发生，情绪先失控，这是因为当时只有情绪脑在发挥作用，而理性脑还没来得及运转。

当我们深呼吸30秒，让自己平静下来时，就是在等待自己的理性脑，给它一点儿反应时间，让它能够正常运转。

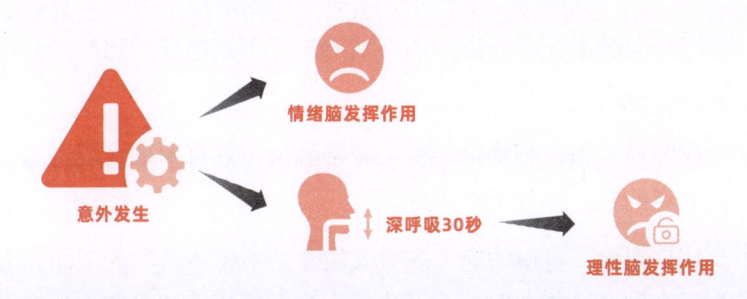

我和太太有一个习惯，当对一件事有不同看法时，如果感受到自己的情绪有比较大的起伏，就会主动跟对方说："让我冷静5分钟。"

如果你平时有冥想的习惯，这时做10分钟冥想就会有更加直接的功效，它会把你的心情从起伏的山巅拉到平静的水面。

无论你当时有多么愤怒，只要过一会儿，大脑中的理智力量就会回归，就可以避免在愤怒时说出难以挽回的话，做出糟糕的决定。越是内心平静，就越能赶走坏事，越能吸引真善美。

《清静经》中有这样一句话"人能常清静，天地悉皆归"。一个人能经常沉浸在清净的状态中，天地的力量就会回到你的生命中。

6.3　热爱：把喜欢的事情当饭吃

当我们实现了内心的平静后，应该将时间用来干什么呢？

投入到自己的热爱中，绽放出人生最耀眼的光芒。

你的热爱是什么？

这个问题很扎心。很多人终其一生都不知道自己到底热爱什么。

我曾经以为，热爱是一种"奢侈品"，只有少数家境优越、天赋异禀的人，才有资格获得。

从小到大，身边的绝大多数人做着"不得不做"的工作，为了生活奔波。刚毕业时，为了生存，我只能每天加班加点工作，对于自己能否找到热爱的工作非常没有信心。

但后来我接触到一些人，看到了他们从事热爱之事时闪闪发光的样子，我对找寻热爱渐渐有了信心。通过这些年的探索实践，我相信，每个人都有独特的优势，都有潜力找到自己的热爱。

什么是热爱呢？

热爱不是你想要获得一件东西的欲望，而是你想要做好一件事的动机。

那么，该如何寻找并且放大自己的热爱？

> 01 发现并放大自己的优势　02 持续行动迎来指数增长　03 服务他人并创造财富

追寻热爱第一步：发现并放大自己的优势。

我们的教育体系喜欢强调补足短板，但真正通向成功的道路只有一条，那就是找到自己的优势，将优势放大到极致，如此这般，财富和成功都是副产品。

什么是"优势"？优势来自先天禀赋的赐予，经过后天的塑造，是你比其他人更特别的东西。对有些人来说，口若悬河热爱表达是优势；对有些人来说，冷板凳一坐十年苦心研究是优势；对有些人来说，让他人开心快乐就是优势。

如何发现自己的优势？我使用过很多心理学评测工具，其中效果最好的是"盖洛普优势测试"。它可以帮助每个人发现自己最突出的优势，找到适合发挥优势的环境，然后不断发展优势。在这个过程中，既获得了内心的幸福，又赢得了外在的成功。

既内在幸福又外在成功，世界上竟有这等好事？

我们习惯了"苦难出英雄""宝剑锋从磨砺出""坚持才能胜利"这样的教导，很难想象，人生可以是另一种生机勃勃的状态。就像我第一次听到沃伦·巴菲特"跳着踢踏舞去上班"时，我的反应是：什么？上班为什么可以这么快乐？

在很长时间内,我对自己的职业发展心存困惑。无论是在财新传媒、特斯拉还是腾讯,我的工作绩效都很好。但我的内心常常有另外一个声音,当大家在会议室热火朝天地讨论一个问题时,我偶尔会出神:这样的生活是有意义的吗?

直到我做了盖洛普优势测试,在专家的解读之下,才明白了职场中内心冲突的来源。

(1)大多数工作是熟练工种,但我喜欢不断学习新东西。

(2)大多数工作需要取悦上级,但我只想说我真正认同的话。

(3)大多数工作的路径是向上走,但我更在乎自由的状态。

那一刻,就像在心灵的原野中扔进了一粒火种,瞬间星火燎原,我听见了内心的呼喊。在此之前,我一直沿着"好学生"的轨迹,从好大学到好公司,不断前进。

从那时起,我第一次思考人生另外的可能性,开始探索真正适合自己的道路。人生的路本来就准备好了,我们所需要的只是火,照亮方向。

随着不断了解自己的优势,人生使命这个看上去太过宏大的话题慢慢地有了答案。有一句话自然而然地来到了我的大脑里——发现并传递智慧,支持更多人创造自由人生。

这句话涵盖了我的各项优势,比如学习、研究、表达和影响,让我知道接下来的10年里最重要的是两件事——投资和创作。

从腾讯离职以后，我每天的大多数工作时间花在这两件事上，剩下的时间用来为私董会的朋友们做财务规划。以前我一直觉得自己不喜欢与人沟通，但通过盖洛普测试我发现自己其实喜欢"交往"，交往不是指泛泛之交，而是指找到志同道合的朋友进行深度交流。因为加入私董会的都是积极、真诚、注重长期主义的朋友，所以和大家交流起来我会觉得轻松快乐。

从一个小镇青年到职场打工人，再到做自己的事业，过去这30多年，我慢慢地找到了属于自己的道路。

在和朋友们讨论优势的过程中，我总结了"优势三问"，可以帮助你发现自己真正擅长和热爱的事情？

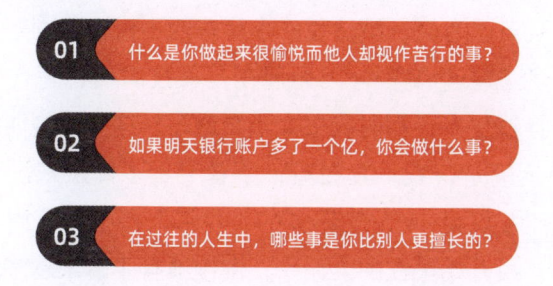

01 什么是你做起来很愉悦而他人却视作苦行的事？

02 如果明天银行账户多了一个亿，你会做什么事？

03 在过往的人生中，哪些事是你比别人更擅长的？

第一个问题问的是动机。世界上最强大的动力不是他人的训导，也不是教条式的自律，而是发自内心深处的热爱。

第二个问题问的是耐力。要在任何一个领域有所成就都需要长期投入，如果某件事只是你实现财务自由的工具，那它本身就不是目的。

第三个问题问的是结果。一个成年人总会有一些事情做得比其他人好，你不一定要比全世界好，比你的部门同事、比你的同学们做得好就可以。

这三个问题结合的地方就是你的优势所在，就是你的"甜区"。甜区是一个网球术语，是球拍拍面击球的最佳位置。当你用甜区击球时，网球会划出富有力量而优美的曲线，你会清晰地听到那"砰"的一声。对我来说，写作就是甜区。当一个人看清了自己的"甜区"，并且反复用"甜区"击球以后，人生的护城河就会越来越深，人生的道路也会越来越宽广。

追寻热爱第二步：持续行动迎来指数增长。

小时候，我们在课本中学到了"伤仲永"的故事，天资聪颖的仲永长大后表现平平。这样的故事在现实世界比比皆是，人们很容易这山望着那山高，从而忽视自己的优势和天赋。

就以我自己为例，虽然我从小写东西不错，但刚毕业那段时间，我一直想去学编程，因为现在是科技时代，写代码的人更酷，而且挣钱更多，那时我根本不知道写作这个爱好能给我带来什么。幸运的是，我一直在写，不管节奏多慢从来没有放弃。2013年毕业以后，无论工作多忙，我都保持平均每周写一篇文章的频率。最开始关注的人很少，慢慢地有了越来越多的反馈，比如有些文章的全网阅读量超过百万，开始有各地的读者加我微信，告诉我他们的收获。所以，当你发现自己的热爱时，要牢记这只是开始，接下来要不断行动，不断迭代，不断从反馈中提升自己。

在行动的时候，我们需要理解世界的底层运行规律。世界上所有增长的规律，无论是能力、经历还是财富，都可以总结成两种曲线。

第一种，对数增长曲线。

对数增长曲线

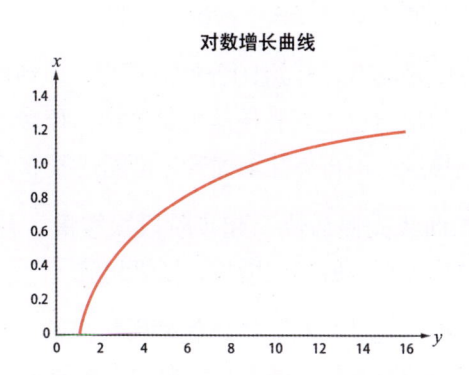

第二种，指数增长曲线。

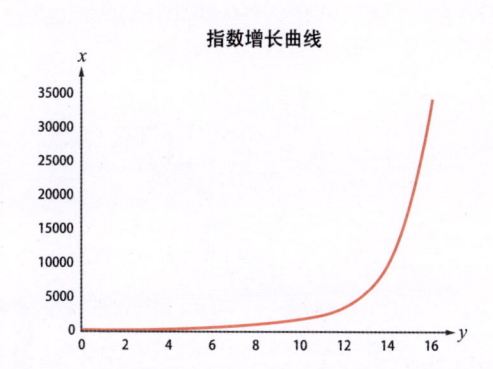

指数增长曲线

这两种曲线有什么不同？

对数增长曲线先快后慢，一开始立竿见影，但是越到后面，增长越缓慢。

就好像当你肚子特别饿时，别人给你端来3个馒头。吃第一个馒头时，你的"满足感曲线"大幅提升，吃第二个馒头时，满足感增加不那么明显了，吃第三个馒头时，已经没什么作用，甚至会觉得难受了。

生活中还有哪些事情和这个情况类似呢？

刷短视频就是典型，开始10分钟很开心，但到后面，可能会厌倦，甚至会讨厌自己。驾驶技能也是这样，花40小时，你大概率会从陌生到熟练，但再想往上提升，可能就很难了。

指数增长曲线先慢后快，起步阶段很缓慢，甚至看不到变化，一旦超过临界点，就加速增长，扬帆起航。

我们经常提到的"复利"背后就是指数增长在发挥作用。股神沃伦·巴菲特的财富增长图就是经典的指数增长。

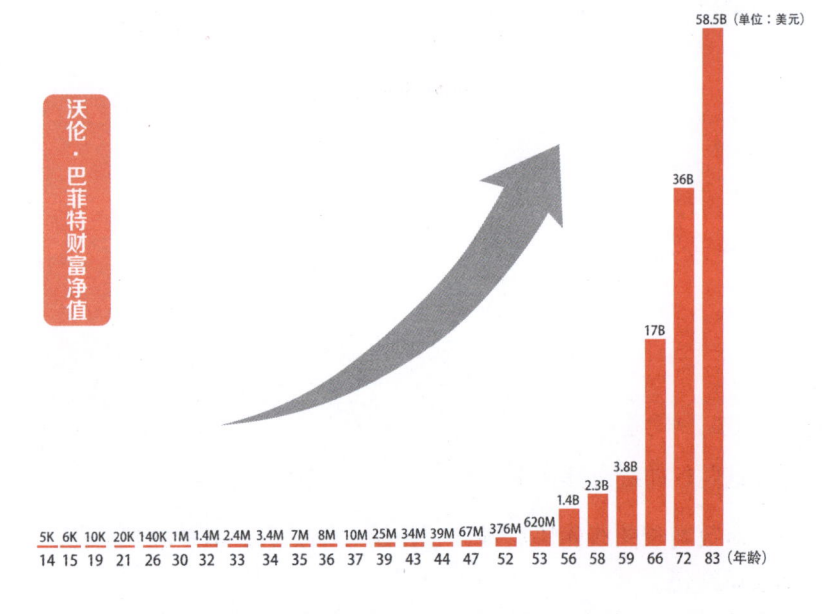

沃伦·巴菲特财富净值																						58.5B (单位：美元)

5K	6K	10K	20K	140K	1M	1.4M	2.4M	3.4M	7M	8M	10M	25M	34M	39M	67M	376M	620M	1.4B	2.3B	3.8B	17B	36B	58.5B
14	15	19	21	26	30	32	33	34	35	36	37	39	43	44	47	52	53	56	58	59	66	72	83 (年龄)

真正拉开人与人差距的是你对指数增长的理解，以及由此引发的耐心、坚韧与长期行动。

因为人生中很多重要的"底层能力"都遵循指数增长曲线。

比如投资能力、写作能力、学习能力，它们都有一个漫长的平台期，如果你没有跨过平台期，就永远体会不了高手的快乐。

指数增长的后期令人激动，但前期需要坚持，我们该如何穿越周期呢？

最关键的诀窍就是接受规律、牢记本质，放弃速成的妄念。要成为成熟的投资者，至少需要经历两个周期。要成为优秀的写作者，至少要写100篇习作。要想让自己的身体素质有本质改变，至少要锻炼1年。

你要让自己真正地相信——这件事就是快不了，就是需要投入很多时间。

人类一切能力的本质都是有效训练量的积累。

要么你是天才，可以轻松超越常人；要么你接受自己是普通人，踏踏实实地遵循规律。

我一直有一个愿望，就是学好英语。以前学英语的时候，我总希望1个月就见效。2022年10月，我重新启动学习英语，这一次我变得更有耐心了，我定下的目标是未来3年在英语学习上花1000小时。不是1个月，不是半年，不是1年，而是3年。如果一件事足够重要，就值得我们投入3年，甚至10年。

在改变人生的大事上，有两大常见困难，一个是从未开始，一个是过早放弃。

当你开始行动以后，第一个困难已经被克服，你要警醒的，是过早放弃。

人们为什么会过早放弃呢？

因为黑夜太漫长，看不到远处的光亮。

在指数增长曲线中，需要经历一大段时间，我们才会到达"临近点"，看到巨变发生，这一大段时间就是黎明前的"黑夜"。

怎样熬过黑夜？最重要的方法就是制订并公开你的"过程目标"。我还提出了这样一个公式：结果目标=过程目标+随机性。

结果目标 = 过程目标 + 随机性

这两类目标有什么不同？

以做自媒体为例，结果目标是10万个粉丝，赚100万元等；过程目标是投入的时间量、训练量，比如每天写作1小时，1年写300篇晨间日记。

普通人盯结果，高手盯过程。

在大多数需要长时间积累的事情中，盯着过程目标比盯着结果目标更有效，因为过程目标可以掌控，你可以及时得到反馈。我一直比较瘦，希望能提高肌肉量，但又不喜欢去健身房。我开始思考，这件事的结果目标是肌肉量，过程目标怎么定？

2022年11月，我定了练10000个俯卧撑的目标。10000个听上去有点多，有些朋友可能会说，要不每天做50个，200天就可以完成了。我做不到，每天做50个对我来说压力太大。在定了一个大过程目标后，我会把它拆分成小的步骤，每天完成一小步就可以了。所以我从每天10个起步，每隔1个星期增加1个，更重要的是，我会在晨间日记中公布每天的数量进展，这样，不仅我自己会知道进展，别人也会看到。

写到这里时，我已经完成了8000多个俯卧撑，距离目标非常近了。神奇的是，仅仅不到一年时间，我的体型就发生了变化，增长了将近10斤，而且肩背明显变宽了。

在公开场合写下当前进展/过程目标，这种记录方式极其有效，它会让你意识到，每一天你都在努力，每一天你都在取得进步。从心理学角度来看，这是将未来可视化，将进度可视化。一旦你看到了进步，就有了信心。

我们要习惯并且喜欢给自己催眠，告诉自己：我们很棒。

黑夜太漫长，只有不断增强信心才能迎来黎明。

在迎接黎明的过程中，我们要明白，数量比质量更重要，失败是成功的升级版。

很多人对成功有误解，误以为天才是一击必中。实际上，无论是在商业、艺术，还是科学界，成功都来自大量的探索和尝试。

传奇发明家詹姆斯·戴森就是一个典型例子。

"在成功时，我已做了5127个吸尘器的原型，我失败了5126次。但每一次，我都吸取经验，这就是我解决问题的方式。"

在实验成功之前，詹姆斯·戴森花费15年去试错，最终，他获得的回报是一家价值数十亿美元的公司，约16亿美元的个人净资产。

把生活当作一场实验，永不停歇、永远在路上、永远在找新方法时，整个世界都会给你让路。不过，在前进的过程中，我要告诉你一个真相：即使你做对了过程，好结果也不一定马上发生。

世界充满概率游戏，概率就是随机，就是结果不确定。拿投资来说，你算好了公司的内在价值，看准了企业的竞争优势，但无法预料到战争，而它可能对投资组合产生巨大影响。

当我们明确地知道随机性扮演极其重要的角色时，就会对结果多一份淡然，即使短期结果不如意，我们依然选择前进。

就像佛家说："因上努力，果上随缘"。

不过，从长期来看，世界是公平的。

假如对一件事，坚持一年的成功的概率是70%。那么第一年结束时，你很可能成功，也可能失败。坚持到第二年呢？成功的概率变成91%。坚持到第三年呢？成功的概率变成97.7%。

因此，很多人称之为命运的东西其实不过是数学中的必然。

长期阅读，你大概率会越来越聪明，越来越有智慧；长期交朋友，你大概率会越来越开放，越来越幸福；长期投资，你大概率会越来越有耐心，越来越富有。

改变命运的关键方法就是通过长期正确的行动，让成功从小概率事件变成大概率事件，甚至必然事件。但行好事，前程自然到来。

追寻热爱第三步：服务他人并创造财富。

在探索热爱的过程中，很多人容易犯一个错误，就是闭门造车，只顾着提升自己，不去了解外在的反馈。要把你的热爱变成事业，最核心的要点就是将热爱、精通与市场需求相结合，在三者产生交集的地方，就是人生的"甜区"。

人是需要反馈的动物，最强大的反馈来自他人的付费，因为金钱是一种能量，金钱的流动就是能量的传递。所以，当你在从事心中所爱的道路上越走越远时，一定要勇敢地拥抱市场，通过服务他人，将你的热爱商业化。

2021年我从腾讯辞职以后，跑通了课程和社群这两种模式，我感受到了"甜区"的魅力，从那时起，我的生活产生了新的飞轮。

我把大量的时间用来研究投资、研究幸福心理学、研究育儿方法，这些事本身就是我喜欢的。

接着，我将这些学习成果转化为内容或者课程，在付费社群中讲授，因为用户付钱了，所以我必须让自己输出的内容保持高标准。我在这个过程中也会产生心流。

然后，当用户给予了好评，并且社群续费率达到80%时，我会获得更大的激励，从而进一步去学习研究。

我越来越相信，最美妙的人生状态就是把喜欢的事情当饭吃。你花费精力去打磨热爱，通过服务他人获得财富奖赏，你会因此变得很幸福，并且让他人和世界越来越美好。

有一点需要注意，不要用技能来定义自己，而要用使命和角色来定义自己。

因为随着时代的变化某一项技能的受欢迎程度会降低，甚至会过时。比如说，如果我把自己的热爱定义为写作，我就会被写作这个具体的技能所束缚，而越来越多的人可能会通过视频、音频获得信息。

所以，我把自己定义为"创作者"和"影响者"，只要可以表达自我，对他人产生正面影响，任何形式我都愿意去尝试。

还有一点很重要，我们的优势和热爱不一定是一项具体的工作，而可能涵盖多个领域。

刚毕业那几年，我发现自己特别喜欢研究新事物，也很喜欢学习，我觉得自己不专注，不像其他人一样有特别明确的研究领域。

当时，我一边研究积极心理学，一边看投资理财的书籍，同时对科技、互联网保持了很高的兴趣。

后来，当我发现"学习"是自己最大的优势时，我突然意识到——对我来说，重要的是学习的过程，而不是学习某项具体知识。学习积极心理学和学习投资这两件事对我来说本质是一样的。

你可能会好奇，为什么我在写第一本书《我们终将变富》时，会把投资理财作为方向，而不是心理学呢？

这里面的关键就是市场需求,因为我在长期写作的过程中发现,投资的内容比心理学的内容更受欢迎,收到的反馈更多。

对我来说,这两者都是在应用我的天赋,都是我热爱的事情,哪个市场需求更强烈,我就优先发展哪一项。

也许未来有一天,当我在投资理财领域里已经足够精通,并且把该传递的内容都写完后,我会选择其他领域作为创作和影响受众的重点方向。

我很喜欢科技思想家凯文·凯利说的一段话:

"人生本质上是一个'探索—优化'问题,你应该不断探索自己想要成为什么样的人,并且在选定的方向上努力优化。

"这是一个终身的、动态的过程:你人生的使命就是发现你人生的使命,你的目的就是发现你的目的。

"目标是在你临死前一天,你终于成为你自己。"

每个人都是独一无二的,每个人来到这个蓝色星球,最重要的事情就是发现自己、接纳自己、成就自己。做你热爱的事,是"内外合一"的最佳手段,你既能感受到内在的快乐,又会收获外在的成果。

6.4 正念:此时此刻是我们真正的家

在实现富足和自由的道路上,哪件事很关键?

时间观,这是一个极其重要也极其隐蔽的因素,会对一个人的状态产生巨大影响。

菲利普·津巴多是美国著名的心理学家,曾经担任美国心理学会主席,他主导提出了"时间心理学"。他说:"生命的本质不过是一段时间。看待和使用时间的方式就是我们塑造人生的方式。"

根据时间心理学的研究,我们对发生在不同时间的事件有着不同的看法,而这些看法会影响我们的心理状态和行为。其中,有五种典型的时间观。

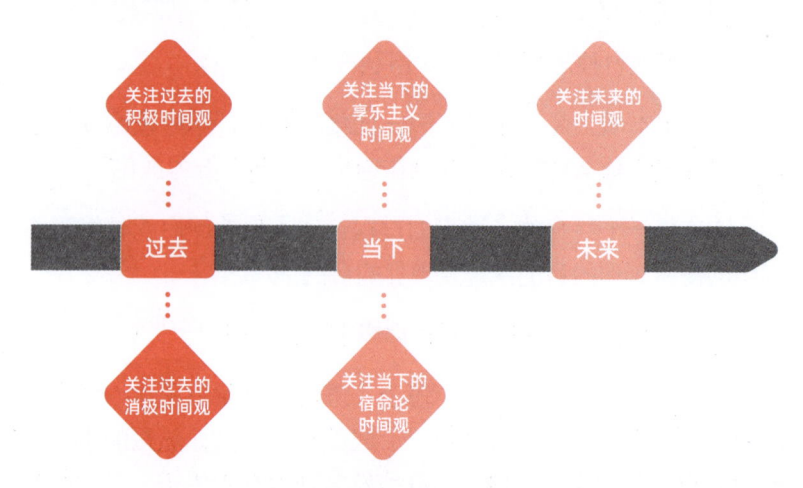

```
关注过去的         关注当下的         关注未来的
积极时间观         享乐主义           时间观
                 时间观
     ┆              ┆              ┆
 ┌──过去──────────当下──────────未来──→
     ┆              ┆
关注过去的         关注当下的
消极时间观         宿命论
                 时间观
```

第一种,关注过去的消极时间观。比如,常常想起过去那些伤心的事,难以忘怀。

第二种,关注过去的积极时间观。比如,反复重温过去快乐的时光,感到幸福。

第三种,关注当下的宿命论时间观。比较"信命",认为有一股神秘力量会主导生命轨迹。

第四种,关注当下的享乐主义时间观。做事情时通常看心情而不是根据理性判断。

第五种，关注未来的时间观。喜欢设定长远计划，希望稳步推进，按时完成目标。

在这五种时间观中，你偏向于哪一种？

我的时间观就是典型的第五种，活在未来。这种时间观的优点是可以不断实现人生中的各种目标，但它也有相应的缺点，就是难以对当下感到满足，沉浸感不够。

每一种时间观都有优点和缺点，重要的是看到自己的"时间观倾向"，然后做相应的调整，培养一种平衡的整体时间观。比如，依赖过去的"积极经历"，适度规划未来，同时适当地"享受现在"。

我们从另外一个角度来看，对于过去、现在、未来这三种不同的时间，人们最容易忽略的是什么呢？

现在，当下，此时此刻。

人们的大脑中要么被过去的事情萦绕，要么为还没发生的事情担忧，最容易被遗忘的是当下这一刻。

就拿我自己举例：读高中的时候，我一心想要考一个好大学，老师们也反复强调"考上大学一切就好办了"；考上复旦以后，我刚想放松一下，结果同学们就开始找实习工作了，为了将来的好工作必须铆足劲。与此同时，自己的成长经历会影响自己的心态，比如我初一才开始学英语，在大学英语课堂上，口语与其他同学有明显的差距。

工作以后我才发现，读书的时光是最轻松惬意的，但它一去不复返了，一旦迈入职场，我每天都要思考KPI怎么完成，明天的汇报怎么做得更好等。

我们总是处在焦虑过载的状态。小孩焦虑升学，年轻人焦虑工作，中年人焦虑孩子教育，老年人焦虑下一代怎么还不结婚。

一旦焦虑蔓延，就会让人要么后悔过去，要么期待未来早点到来。要改变这种情况，最好的方法是修行正念。正念最早来自东方佛法和禅修，通过卡巴金博士等人的努力，正念慢慢得到了科学研究的证实，也在全世界越来越流行。正念是一种状态：活在当下，感知当下，不纠结过去，不担忧未来。练习正念最直接的方法是冥想。如今，冥想已经风靡西方世界，根据《时代》周刊报道，冥想在美国越来越受欢迎，在学校、医院、律师事务所、政府机构、企业，甚至监狱，冥想班越来越多，简直随处可见。谷歌还专门聘请了冥想教练，为员工做辅导，在他们看来，这样能提升员工的工作效率和幸福感。

投资大佬瑞·达里奥是冥想忠诚的拥护者，他曾说，冥想让他觉得自己像个"战斗中的忍者"。虽然他工作特别忙，但每天至少要冥想20分钟，有时候甚至冥想40分钟。

瑞·达里奥说："我从1968或1969年开始冥想，它彻底改变了我的生活。当时我只是一个极其普通的学生"。那段时间，他正在长岛大学读书。"它让我心思澄明，让我独立，让我的思绪自由翱翔，它赐予了我许多天赋。"

如今，达里奥管理着世界上最大的对冲基金，他处理生活的原则与方法让许多人得到了启发。

《乔布斯传》记录了乔布斯谈自己禅修时的感受。"如果你坐下来静静观察，就会发现自己的心灵有多么焦躁，如果你想平静下来，那么情况只会更糟。但是时间久了，你总会平静下来，心里就会有空间聆听更加微妙的东西——这时候你的直觉开始发展，看事情会更加透彻，也更能感受现实的环境。你的心灵逐渐平静下来，你的视界会极大地延伸。你能看到之前看不到的东西。"

那么，到底该如何开始冥想呢？我们只需要执行如下步骤。

首先，在地板或者椅子上笔直地坐着，在放松的同时保持脊柱挺直，不要靠在椅背上，这样就不会打瞌睡。

其次，只通过鼻子呼吸，缓慢地吸气和呼气。将注意力放在自己的鼻尖，留意每次呼吸时产生的不同感觉。在此过程中，如果发现自己走神，有了不相关的念头或者感受，重新把注意力放回到呼吸就好。

我们可以从练习5分钟开始，然后延长到10分钟或20分钟，每天做一次，几周以后，你就会越来越适应。当你熟悉这套方法后，就不用再把呼吸当作自己关注的目标，转而注意此刻进入你脑海的主要内容——无论是一个念头、感受，还是身体的某种感觉。培养自己对当下状况的觉察能力，而不用对它展开思考或者评判。

开始练习冥想后，你会越来越对当下产生高度的觉察，你会发现，当前的每一刻都可以是人生中最美妙的一刻。

就像一行禅师所说："我们真正的家便在此时此刻。活在此时此刻即是一种奇迹。奇迹不是在水中行走，奇迹就是此时此刻在绿色的地球上行走，是感谢此时此刻所拥有的安宁与美丽。安宁伴随我们左右——在世界之中，在自然之中，也在我们内心深处，在我们的身心里。一旦学会了触碰这样的安宁，我们就将得到治愈、转化。这不是信仰的问题，而是修习的问题。我们只需想办法将我们的身心带回此时此刻，就能触碰到我们内心及让我们感到新生、治愈和奇妙的一切。"

冥想是"专注当下"的一种方式，比如，你在吃一个橘子，橘子有两种吃法，一种是"不觉察"地狼吞虎咽，几口就把橘子吞下，只满足心理上的快感。还有一种吃法，就是用觉察、专注的态度去吃。当你剥皮时，感受它的纹理与触感，你可以想象橘子经过怎样的雨打风吹才有了如今的甜度；当你掰开橘瓣时，仔细地观察它们之间的勾连，白色的纤维握在手上，有一种奇妙的感觉；当你将橘子送进嘴里时，感受它带有的清香的甜味，以及混杂在其中的细微酸味，还有它给舌头和口腔带来的清凉刺激。

任何一件事都是我们练习"活在当下"的机会。

即使是对于那些不好的事，当你真正投入地去观察它时，也能培养出一种抽离的态度，让自己变得更轻松从容。

例如，当我感受到巨大的压力时，就容易得口腔溃疡。以前发生这样的情况时，我经常唉声叹气。现在，我会耐心地感受疼痛，体察口腔中的不适，并且告诉自己：这是身体发出的信号，希望你做出调整，我们要感谢它。

练习得越多，我们就会变得越来越平静，而平静是滋生快乐的源泉。

现代人最常见的思维误区是认为幸福只存在于未来，从而忽略了此时此刻。将此时此刻变成你人生中最美好的一刻，你就真正自由了。

富足人生指南

你的内心决定了你生活在天堂还是地狱。

富足人生锦囊

1. 财富只是工具,幸福才是目的。

2. 人生中最重要的事情,是接纳自己、发现自己、成就自己。

3. 对90%的人来说,值得追求的人生可以用8个字概括——财务富足、心灵富足。

4. 时间是你最重要的财富,是永远不可再生的资源。

5. 很多人一直在想:等我赚了足够多的钱,就去做自己喜欢的事。实际上,只有不断做自己喜欢的事,才会更容易赚到足够多的钱。

6. 财富游戏是正和游戏,地位游戏是零和游戏。

7. 要做一个有钱的好人,通过创造财富让这个世界变得更好。

8. 所有的竞争,到最后都是体力的竞争。

9. 行动会让我们变成更好的人,消费会给我们制造变得更好的幻觉。

10. 财富最惊人的回报，不是让你随心所欲地消费，而是让你拥有极大的自由，实现时间自由、行动自由和社交自由。

11. 一个投资新手要经历三个周期才会真正成熟。第一个周期是学习，第二个周期是进步，第三个周期是赚大钱。

12. 不必重来就是快，可以积累就是多。以慢为快、以守待攻，才是真正的大智慧。

13. 心灵富足是最终极的自由。无论你身处怎样的环境，拥有多少财富，你的内心决定了你生活在天堂还是地狱。

14. 热爱不是想要获得一件东西的欲望，而是想要做好一件事的动机。

15. 做你热爱的事，是"内外合一"的最佳手段，你既能感受到内在的快乐，又能收获外在的成果。

16. 将此时此刻变成你人生中最美好的一刻，你就真正自由了。

富足人生盟友团

人生是一段旅程。旅程中的伙伴，至关重要。

每个人都应该花时间认真交朋友，结交你欣赏的、与你志趣相同的朋友。对的朋友不仅会给你带来财富和好运，还会让你更幸福。

对于交朋友，我秉承的原则是——价值观同频、能力性格互补。

过去十年里，我有一些深度交往的好友，他们改变了我的人生。他们在各自的领域都是佼佼者，我推荐你关注和靠近他们，他们的行动、经历与智慧，一定会给你启发。

奥利：

如果你想了解境内外保险，推荐关注公众号"奥利在湾区"（ID：oliviasaying）。

奥利先后在腾讯、宝洁工作，曾经是腾讯最受欢迎的保险行家，持续分享关于保险、育儿、成长的干货。

君一：

95后海归二胎妈妈，享育会亲子俱乐部创始人，福布斯创新企业家。她专注于儿童心理学研究，致力于将西方现代教育理念与东方传统育人哲学相融合。

如果你对"20后"孩子的养育方法感兴趣，欢迎关注微信公众号"君一优势育儿"（ID：junyi_f000）。

M叔：

想了解更多海外身份资源，欢迎关注微信公众号"移民研究所"（ID：immiresearch）。

本账号隶属福布斯创新企业家M叔旗下的麦克斯出国品牌，专注于用轻松有趣的语言科普各类移民信息。

老薛：

想了解个人成长与财富积累，推荐关注微信公众号"老薛的财富之旅"（ID：laoxuecaifu）。

老薛2018年离职赴深圳打拼，用6年时间极大提升生活品质，成为"深湾会"成员。老薛在朋友圈日更晨间日记，分享个人收获和反思。

洋星：

CEO精力管理教练，坚持跑步11年，完成29场马拉松比赛。2019年创立精力学院，成为中国精力管理赛道的头部IP，曾开设国内规模最大的精力管理课。

想提升精力，推荐关注视频号"洋星精力管理教练"。洋星会持续分享精力管理、个人成长、IP打造等干货。

黎雄：

想提升关系力，处理好自我关系、人际关系和金钱关系，推荐关注微信公众号"黎雄关系创富笔记"（ID：guanxichuangfu）。

黎雄是"得到"众多用户高度认可的关系创富教练，已持续日更关系创富笔记超过750篇。

A哥：

想了解深圳买房信息，推荐关注微信公众号"A哥聊房"（ID:aglf168）。

2020年，A哥从腾讯离职并开始创业，目前是深圳头部房产博主，全网粉丝超过10万人，做过上万次1对1房产咨询，帮助400位以上用户在深圳购买核心资产。其微信公众号持续输出房产知识、政策解读和金融知识。

嘉泽：

想要挖掘优势，助力个人成长，推荐关注微信公众号"嘉泽教练"（ID：jiazejiaolian）。

嘉泽曾任职于世界500强企业，现为盖洛普全球认证优势教练、ICF认证专业教练，优势人生桌游创始人，持续分享优势挖掘、个人教练、个人成长领域的干货。

安琪：

想开启运动健康人生，推荐关注微信公众号"安琪耶"（ID：yeahanqi）。

安琪毕业于复旦大学新闻系，曾任香港IR经理，30岁转行普拉提运动创业，耕耘健康悦己人生，分享运动、财富、爱与幸福的觉察与感悟。

李宣萱：

想修炼积极心理、收获幸福人生，推荐关注微信公众号"李宣萱"（ID：xuanxuangofreedom）。

宣萱作为"95后"，曾在腾讯、兴业银行任职，25岁便成为腾讯最年轻的高级品牌经理。从为原生家庭还债导致抑郁，到与自我和解，人生充满励志、温暖的故事。

甄甄：

想了解职场转型自由个体创业，推荐关注微信公众号：甄甄的创业观察（ID:gh_40e665294bfa）。

甄甄，曾在腾讯就职超过16年，40岁后开启自由个体工作模式，专注创始人IP商业化，操盘项目GMV过千万元。持续分享女性职业转型、个人发展、新个体创业思考。

致谢

人生中所有的好事，都源自家人和朋友们的支持。

感谢本书的策划人姚新军（@长颈鹿27），因为你的信任、专业和认真，才有这本书的诞生。

感谢为本书提供内容建议的杜骞、老齐、小恬、筱堃，让本书内容更扎实。

感谢子茵为本书制作了精美的PPT和思维导图，给读者带来了更多收获。

感谢刘志斌老师、洋星老师、甄甄、Sunnie、黎雄对我创业过程的持续推动与启发，感谢梦纯长期的付出与支持。

感谢有璨，亦师亦友的你，对我帮助很多，因为有你，我更珍视"心"的力量，也对未来有了更强的信心。

感谢成甲老师，孜孜不倦地普及芒格先生的理念，以身行道，让复利成为一种生活方式，让我深受启发。

感谢一诺姐、华章老师对我的长期帮助，感谢你们创办的"奴隶社会"和"一土教育"，传递智慧、愿景与行动精神，感召了无数人。

感谢Max、云佳、君一、轩然、老薛、木兰，因为你们，我们在深圳有了家人，时刻感受到温暖。

感谢我的爸妈，因为有你们，才有了我的一生，我才看到了如此精彩的世界，感谢你们从小到大对我的养育。

感谢我的爱人，认识你是我最大的幸运，感谢你一直心意合拍地支持我，让我充满无穷的动力。

感谢我的孩子，感谢你来到我们的家庭。因为有你，我才最深切地感受到爱的真谛，爸爸会一辈子做你最坚强的后盾。

感谢启昌财富私董会的所有私董们，感谢启昌IP私教班的同学们，感谢你们的信任，让我们有缘在富足自由的旅程中同行。

最后，感谢所有读者的信任。特别是读到这里的你，这么认真、这么好学，相信你一定能学有所得。祝愿你有事做、有人爱、有所期待。

如果有任何建议，或者想和我联系，请搜索并关注微信公众号"兰启昌"，回复"111"，获得我的联系方式。

山水迢迢，期待再会。